南拳

全民健身项目指导用书

刘滨宁◎主编

U0762783

吉林出版集团股份有限公司　全国百佳图书出版单位

图书在版编目（CIP）数据

南拳 / 刘滨宁主编. —— 2 版. —— 长春：吉林出版
集团股份有限公司, 2010.2 (2024.8重印)
全民健身项目指导用书
ISBN 978-7-5463-2382-4

Ⅰ. ①南… Ⅱ. ①刘… Ⅲ. ①南拳 – 基本知识 Ⅳ.
①G852.13

中国版本图书馆 CIP 数据核字(2010)第 028379 号

全民健身项目指导用书

南 拳
NANQUAN

主　　编	刘滨宁
责任编辑	黄　群　杜　琳
封面设计	吕宜昌
开　　本	650mm × 960mm　1/16
印　　张	8
字　　数	60 千
版　　次	2010 年 2 月第 2 版
印　　次	2024 年 8 月第 4 次印刷
出版发行	吉林出版集团股份有限公司
地　　址	吉林省长春市福祉大路 5788 号
邮　　编	130000
电　　话	0431-81629968
电子邮箱	11915286@qq.com
印　　刷	三河市金兆印刷装订有限公司
书　　号	ISBN 978-7-5463-2382-4　　定　价　39.80 元

版权所有　翻印必究
如有印装质量问题，请寄本社退换

序言

自 1995 年我国政府推出《全民健身计划纲要》以来，我国群众性体育活动蓬勃发展，取得了显著的成绩。2008 年，举世瞩目的北京奥运会的成功举办，极大地激发了亿万人民群众的体育热情，增强了全社会的体育意识，营造了浓厚的全民健身氛围。面对这样的可喜局面，群众体育科研、教学工作者应义不容辞地为社会实践服务，从不同角度思考，如何使普通百姓通过简而易行的身体锻炼方式、方法和手段达到良好的健身效果，达到拥有健康的目标，从而享受生活、享受快乐人生。该书系就是在这样的思想指导下诞生的。

本书系能够顺应国家体育的大政方针，掌握时代脉搏，对指导大众健身，使大众掌握健身方法和手段有很好的促进作用。

本书系图文并茂，实用性强，分为球类运动、体操健身运动、传统武术、冰雪运动、水上运动、体育舞蹈、休闲运动、格斗运动、民间体育活动和极限运动等十大类项目，计 100 分册，按照统一的体例，力争有所创新。每册的具体内容为该项目的起源与发展、运动保健、基本

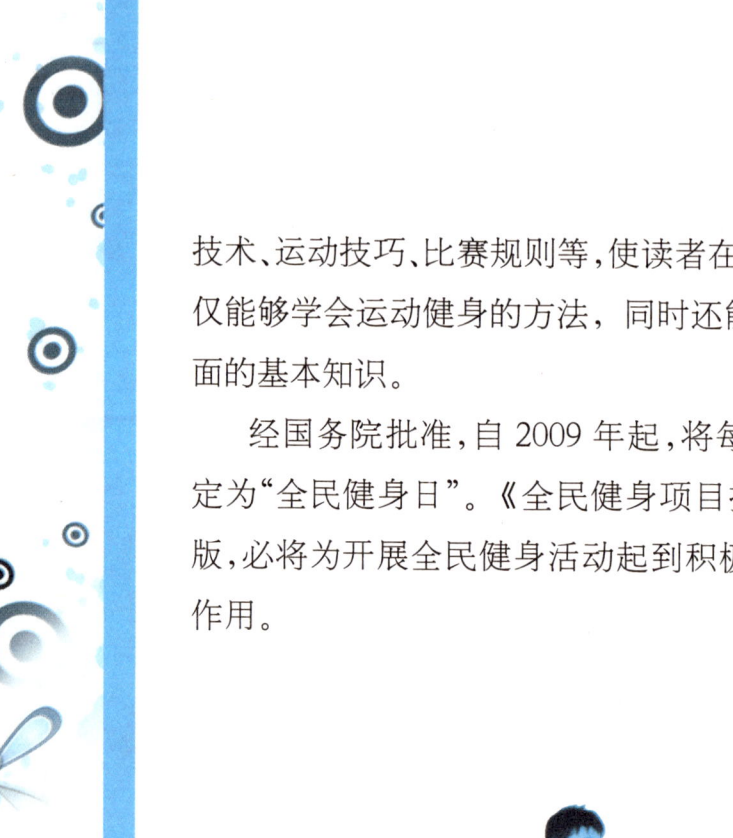

技术、运动技巧、比赛规则等，使读者在学习过程中，不仅能够学会运动健身的方法，同时还能够学到保健方面的基本知识。

经国务院批准，自 2009 年起，将每年的 8 月 8 日定为"全民健身日"。《全民健身项目指导用书》的出版，必将为开展全民健身活动起到积极的推动和指导作用。

目录 CONTENTS

目录 CONTENTS

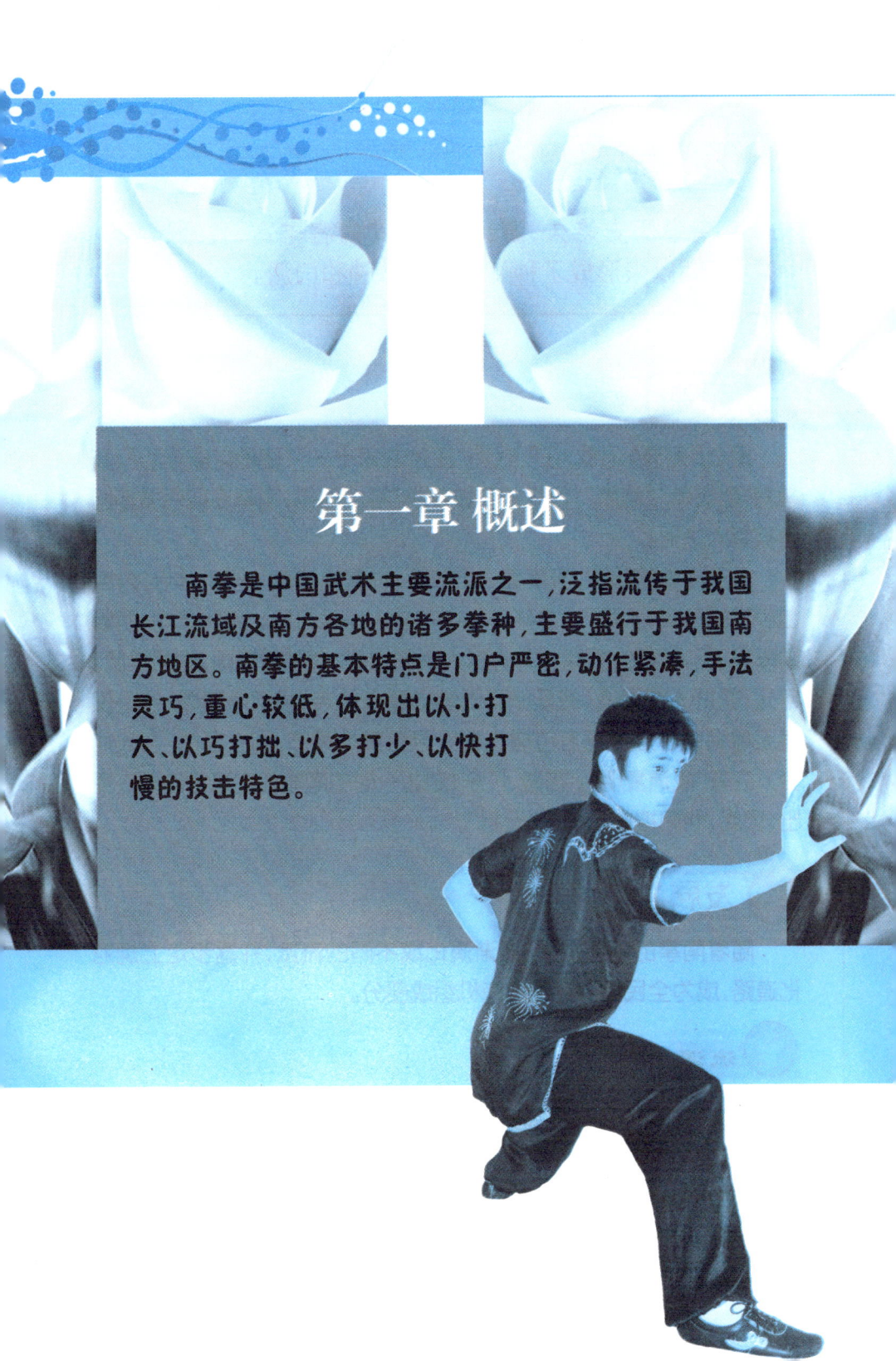

第一章 概述

南拳是中国武术主要流派之一,泛指流传于我国长江流域及南方各地的诸多拳种,主要盛行于我国南方地区。南拳的基本特点是门户严密,动作紧凑,手法灵巧,重心较低,体现出以小打大、以巧打拙、以多打少、以快打慢的技击特色。

第一节
起源与发展

南拳历史悠久，源远流长，其内容丰富，传播范围广，长期以来形成了种类繁多的拳种和门派。

 起源 ◆◆◆◆◆◆◆◆

据《小知录》记载，在明代有"使拳之家十一""使枪之家十七"，其拳有"赵家拳""南拳""勾挂拳""披挂拳"等。可见，南拳在四百多年前已被载入史册。

关于南拳的起源，流传着一个故事，说是福建有一座少林寺，为嵩山少林的分支，人称"南少林寺"，寺中僧人世代习武。康熙年间，西鲁国来犯，无人可敌，福建少林寺僧人请缨出征，大破西鲁国，班师凯旋。不久，有奸人进谗言，清廷派兵围剿福建少林寺，将该寺焚毁，寺中仅有五僧幸免于难。这五位僧人四处寻访英雄豪杰，创立了洪门（天地会），立誓"反清复明"。福建、广东、湖北一带的南拳都由这五位僧人传出，因此，他们被尊为南拳"五祖"。

 发展 ◆◆◆◆◆◆◆◆◆

随着南拳的不断发展，逐渐演化成不同的流派，并逐步走上规范化道路，成为全民健身运动的有机组成部分。

 流派

南拳流派繁多，包括福建的少林桥手、五祖拳、鹤拳，广西的周家拳、屠龙拳，浙江的洪家拳、黑虎拳、金刚拳，湖北的洪门拳、孔门拳，以及湖南的巫家拳、洪家拳、薛家拳、岳家拳等。

南拳的代表是广东南拳，而广东南拳的代表是洪拳等"五大名家"。

洪拳

洪拳源出少林,相传为洪熙官所创,洪熙官本为福建漳州茶商,创拳后传给南少林的洪门五祖,后来传入广东。洪拳的特点是动作朴素,步法稳健,刚劲有力,手法较多,踢腿少。内容包括三进拳、铁线拳、二龙争珠、夜虎出林等,其高级拳为五形拳和十形拳,是模仿一些动物的神态特征,结合武术拳法编成的套路。

刘拳

刘拳相传为刘姓的人所创,更多说法是刘生或刘青山所创,流传于雷州半岛。特点是进退快速,灵活多变,左防右攻,能攻能守。

蔡拳

蔡拳相传为福建少林寺僧蔡伯达、蔡九仪所创,后来流传于广东中山等地。内容包括十字拳、大运天、小运天、天边雁、柳碎梅和两仪四象拳等。特点是以短打为主,沉肘护夹,发短劲,刚中有柔。

李拳

李拳相传为福建南少林寺僧人李色开所创,又由广东新会的会员李友山传授。特点是动作朴素,活泼矫健。多用平击手法,出拳快,收拳快。练习时多用圈桥、盘桥、绕步、小步,多跳跃,擅腿法,以灵活多变见称。

莫拳

莫拳相传为福建南少林至善禅师所创,后传至莫清骄(一说莫清娇),流传于珠江三角洲一带。内容包括莫家正宗拳、桩拳、碎手、双龙出海和直势等。其特点是侧身斜肩吊马,左桥右马,沉肩落膊。拳法软硬兼施,互相配合,刚中含柔,刚柔并济。

传播

南拳的系统化、广泛化大约在明末清初。南拳在长江流域和南方各地得到了广泛传播,形成了别具特色的南拳流派。到清朝初年,南拳得到了空前的发展和传播。

中华人民共和国成立后，南拳已成为中华武术的重要组成部分。

1960年，国家将南拳列为武术竞赛的主要项目之一，继而又纳入体育院校的武术教材。

1989年，中国武术协会受亚洲武术联合会的委托，组织部分专家创编了《南拳竞赛套路》，并首次正式应用于第11届亚运会。

1992年，中国武术协会又组织部分专家创编了具有南拳流派特点的《南棍、南刀竞赛套路》，用做第7届全国运动会武术比赛中的南拳全能项目，并成为《中国武术段位制》考评正式项目。

 发展趋势

为更广泛地开展群众性体育活动，增强人民体质，推动我国社会主义现代化建设事业的发展，1995年6月，国务院提出了《全民健身计划纲要》，号召全社会广泛开展全民健身运动。

南拳内容丰富，形式多样，风格独特，运动简便，老少皆宜，具有广泛的群众基础。长期习练可以提高身体的协调性、灵敏性和柔韧性，有助于身体各部位均衡发展，改善神经系统机能，对心血管系统有良好的作用。因此，随着全民健身运动的蓬勃发展，南拳已成为全民健身项目的重要组成部分。

第二节

场地和装备

南拳运动对场地和装备的要求并不高，但是高质量的场地是运动顺利开展的前提，而良好的装备则是运动参与者发挥较高技术水平的必要保证。

 **场地**

初学者最好在体育馆或武馆内的正规场地练习，练习时一定要遵循循序渐进的原则，以减少运动损伤。

 **规格** 见图 1-2-1

（1）正规比赛单练和对练项目的场地长 14 米，宽 8 米；

（2）集体项目的场地长 16 米，宽 14 米；

（3）场地四周内沿应标明 5 厘米宽的边线，周围至少有 2 米宽的安全区（集体项目场地周围至少有 1 米宽的安全区）。

图 1-2-1

 **设施**

比赛场地应铺设地毯，以防止运动损伤。

 **要求**

（1）比赛场地上空，从地面量起至少应有 8 米的无障碍空间；

（2）如设两个以上比赛场地，两场地之间应有 6 米以上的距离。

 **装备**

初学者在进行南拳运动时，最好穿专业的武术服和武术鞋，这样既有利于动作的练习和展现美感，又可避免不必要的运动损伤。

 **服装** 见图1—2—2

传统的南拳服上身是无袖装，下身穿灯笼裤，给人以力量感。材质为绸、尼龙或丝绒等。

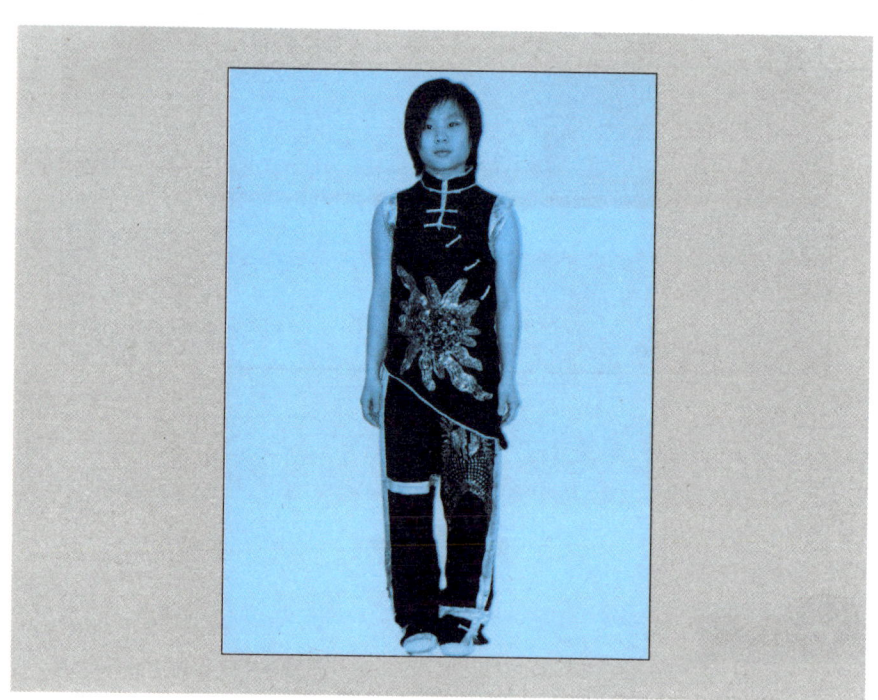

图 1—2—2

 **鞋** 见图 1-2-3

比赛和表演中常见的是以羊皮或帆布制面、软胶制底的武术表演专用鞋,这种鞋既舒适又美观。

图 1-2-3

第二章 运动保健

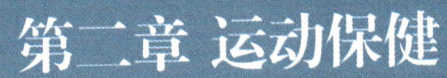

　　体育运动对增强体质、预防疾病和促进健康具有良好的作用。但是，并非所有人从事相同的运动都会达到同样的效果。对于同一种运动负荷，不同人机体的反应差异是很大的，即使同一个体，在不同时期、不同机能状态下，对同一负荷的反应及效果也是不一样的。因此，对于不同个体，应制定适合其机能需要的运动强度、时间、频率和持续周期。从事体育锻炼一定要讲究科学性，使机体最大限度地获得运动价值，使某些疾病得到有效的防治。

第一节

自我身体评价

自我身体评价是指根据个体的不同情况以及简单的功能评定标准，对锻炼者进行身体评价，并以此为依据，确定具体的锻炼内容。

体适能是全身适应性的一部分，是人体精神和体力对现代生活的适应能力。为了促进健康，预防疾病，提高生活质量和工作学习效率，几乎所有人都可以追求健康体适能，而且经过简单的评价和测试，均可以成为目标人群，即适宜人群。

 健康体适能评价标准

健康体适能是指身体有足够的活力和精力处理日常事务，而不会感到过度疲劳，并且还有足够的精力去享受休闲活动和应对突发事件。

健康体适能是确定锻炼者是否为运动适宜人群的主要依据。目前的评价标准主要包括国民体质测定标准、学生体质测定标准和普通人群体育锻炼标准等。

国民体质测定标准主要包括形态指标、机能指标和素质指标 3 个部分，各项指标的测定结果均为 1～5 分，共 5 个级别。凡各项指标达不到 4 分或 5 分者，均应被纳入健身人群。

学生体质测定标准分为优秀、良好、及格和不及格 4 个级别。优秀水平以下者，均应被纳入健身人群。

普通人群体育锻炼标准分为 5 个级别，凡达不到 4 分或 5 分者，均应被纳入健身人群。

简易运动功能评定

简易运动功能评定的目的在于确定锻炼者有无运动禁忌症或临时运动禁忌的情况，即是否适合参加体育锻炼，以达到防备万一、避免意外事故发生的目的。目前通行的方式为3分钟踏台阶测试。

目的

测试锻炼者运动后心率恢复的情况，以评估其心肺功能。

器材 见图2-1-1

30厘米高的长凳、节拍器、秒表和时钟。

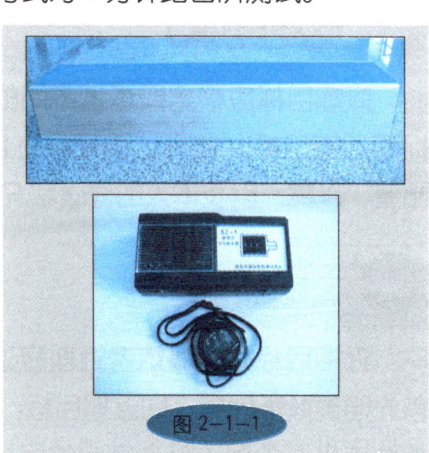

图2-1-1

步骤 见表2-1-1

（1）节拍器设定为每分钟96次，锻炼者依"上上下下"的节拍运动3分钟。

（2）锻炼者完成3分钟踏台阶后，5秒钟内开始测量其脉搏，时间为1分钟，记录其心率，并依据下表评价其功能水平。

（3）运动后心率越低，证明其心肺功能越好。在运动强度允许的范围内，锻炼者可选择运动强度的较高值来进行运动。

表2-1-1　3分钟踏台阶测试评价表

	年龄（岁）	欠佳（次）	尚可（次）	一般（次）	良好（次）	优异（次）
男士	18~25	>115	105~114	98~104	89~97	<88
	26~35	>117	107~116	98~106	89~97	<88
	36~45	>119	112~118	103~111	95~102	<94
	46~55	>122	116~121	104~115	97~103	<96
	56~65	>119	112~118	102~111	98~101	<97
	65+	>120	114~119	103~113	96~102	<95
女士	18~25	>125	117~124	107~116	98~106	<97
	26~35	>128	119~127	111~118	98~110	<97
	36~45	>128	118~127	110~117	102~109	<101
	46~55	>127	121~126	114~120	103~113	<102
	56~65	>128	118~127	112~117	104~111	<103
	65+	>128	122~127	115~121	101~114	<100

自我身体评价

注意事项

如锻炼者经过努力仍无法达标，或出现头晕、胸闷、出冷汗等症状，应立即终止测试。运动中应特别考虑运动强度，以防止出现意外。

锻炼目标

锻炼目标应根据锻炼者不同的身体状况来确定，可分为近期目标和远期目标。此外，确定锻炼目标还应结合锻炼者的运动意向、愿望、兴趣，以及本人的健康状况、疾病程度等因素来进行。

近期目标

近期目标是指锻炼者近期应达到的目标。在进行运动之前，应首先明确锻炼目标，即近期目标。选择一两个健康体适能构成要素，作为未来两个月内努力完成的目标，而且应从成功概率较高的构成要素开始，并将预期两个月后要达到的目标做上记号，如提高某个或某些关节的活动幅度，增强某个肌肉群的力量等。

远期目标

远期目标是指锻炼者最终要达到的目标。实践证明，经过科学合理的锻炼后，锻炼者是可以达到一般的远期目标的，如提高心肺功能，使其达到优秀的等级，或达到降血脂、防治高血压和冠心病的目的等。

运动负荷

运动负荷即运动量。怎样控制运动量，合适的运动时间是多少等，一直是人们争论不休的问题。但有一点是可以肯定的，那就是任何有关身体活动的意见和建议，都需要综合考虑锻炼者的身体状况和所要达到的目标，并以此为依据来制订科学的身体锻炼计划。

运动保健

运动强度

在运动过程中，运动强度过小，则无法达到锻炼的效果；运动强度过大，不仅达不到最佳的锻炼效果，还可能产生一些副作用，甚至出现意外事故。确定运动强度有两种方法，即心率简易推测法和主观感觉疲劳分级表推测法。

心率简易推测法

（1）年龄在 20 岁左右的年轻人，身体健康，能坚持体育锻炼，欲进一步提高身体机能，可取最大心率值（最大心率值 =220－年龄）的 65%～85%。

（2）年龄在 45 岁以下，身体基本健康，有运动习惯者，开始进行健身锻炼，可取最大心率值的 65%～80%，没有运动习惯者，开始进行健身锻炼，可取最大心率值的 60%～75%。

（3）年龄在 45 岁以上，身体基本健康，有运动习惯者，开始进行健身锻炼，可取最大心率值的 60%～75%，没有运动习惯者，建议根据自身情况咨询专业人员来指导和确定运动强度。

主观感觉疲劳分级表推测法　见表 2-1-2

运动的疲劳程度大致分为 10 级，具体为：0～1 级，没感觉；2～3 级，尚轻松；4～5 级，稍累；6～7 级，累；8～9 级，很累；10 级，精疲力竭。因此，健身锻炼的运动强度应控制在主观感觉疲劳程度的 4～7 级。

表 2-1-2　主观感觉疲劳分级表

0 没感觉	.	2 尚轻松	.	4 稍累	.	6 累	.	8 很累	.	10 精疲力竭

 运动频率

运动频率是指每日及每周锻炼的次数。一般每周锻炼 3～4 次，即隔日锻炼 1 次即可。有充足的休息时间，可使机体得到充分的休息，收到更好的锻炼效果。

 运动持续时间

运动强度和运动持续时间，决定了一次锻炼的运动量和热量消耗。运动持续时间与运动强度成反比，运动强度大，运动持续时间可相应缩短，运动强度小，则运动持续时间应相应延长。

一般的健身锻炼，运动持续时间以每天 20～60 分钟为宜，其中包括准备活动时间、健身锻炼时间和整理活动时间。每次健身锻炼应在 20 分钟以上，锻炼可一次性完成，也可分段进行，但每段的活动时间应在 10 分钟以上。

第二节

运动价值

运动价值是人们一直在探讨的问题。一般认为，运动具有两方面的价值，即健身价值和心理价值。身体和精神的健康是相互依存的，伴随着身体功能的改善，精神状况也能同时得到改善。

 健身价值 ◆◆◆◆◆◆◆◆

健身价值在于提高体适能。体适能包括心肺耐力素质、肌肉力量素质、柔韧性素质和身体成分等。体适能的发展是积极从事锻炼的结果，只有规律性的体育锻炼才能达到最佳的体适能。

运动保健

提高心肺耐力素质

心肺耐力是指全身肌肉进行长时间运动的持久能力，是体内心肺系统对身体各细胞的供氧能力。人体的心脏、肺、血管、血液等组织的功能是心肺耐力的基础，它们与氧气和营养物质的输送以及代谢物的清除有关。健全的心肺功能是健康的基本保证。

系统的体育锻炼，可以使心肌增厚，收缩力加强，心室容积增大，从而使心脏的泵血功能增强，表现为心血输出量增加。

系统的体育锻炼，呼吸系统机能也将得到提高，表现为呼吸肌的力量增强，肺活量、肺通气量明显增加，保证对机体供氧的能力。

系统的体育锻炼，可以促进血管系统的形态、机能和调节能力产生良好的适应力，从而提高机体的工作能力。

系统的体育锻炼，可以使血液系统产生某些适应性变化，如血容量增加、血黏度下降、红细胞膜弹性增强和红细胞变形能力增强等。

 提高肌肉力量素质

肌肉力量是指肌肉最大收缩产生的对抗阻力或负荷的能力。肌肉力量只有达到一定的程度，才能克服外界阻力，而克服外界阻力是维持日常生活自理、从事各种劳动和运动的必要前提。

系统的体育锻炼，可以提高肌肉的生理横断面积，可以改善神经系统对肌肉收缩的支配功能，还可以提高肌肉内代谢物质的储备量，使肌肉力量得到提高。

 提高柔韧性素质

柔韧性是指人体各关节的活动幅度，即关节的肌肉、肌腱和韧带等软组织的伸展能力。柔韧性对于保证正常生活质量、维持正常体态、预防损伤发生和减轻损伤程度等方面均起到至关重要的作用。

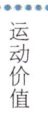

系统的体育锻炼，还可以延缓因年龄因素而导致的柔韧性下降，预防因缺乏运动而导致的关节结构、周围软组织和膝关节肌肉退化，从而使锻炼者的日常生活、劳动和运动等更加充满活力。

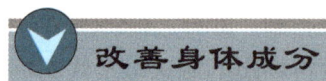
改善身体成分

身体成分是指人体体重中的脂肪组织和去脂组织的重量百分比。身体成分中的脂肪成分增加，肌肉成分必然下降。身体中不具备收缩功能的脂肪组织增加，必然导致身体进行各种活动的能力下降，基础代谢水平降低，肥胖症、冠心病、高血压、糖尿病、高血脂等慢性疾病发病率的提高。因此，身体成分是保证人体健康的重要内容之一。

通过系统的体育锻炼，随着锻炼者体质的增强，热量消耗便随之增加，进而燃烧掉体内多余的脂肪，使身体成分得到改善。而身体成分的改善，又可以减少体重对关节可能带来的不利影响，还可以使肥胖者的心理状况得到改善，增强其自信心，使其逐步建立起健康的生活方式。

心理价值

研究证明，有规律的体育锻炼不但可以使锻炼者增强体质、促进身体健康、预防一些慢性疾病，还可以提高锻炼者的生活满意度和生活质量，对其心理健康产生积极影响。

体育锻炼的心理健康效应主要表现在六个方面：

改善情绪状态

短期效应

研究发现，体育锻炼对人的情绪状态具有显著的短期效应。运动后人们的焦虑、抑郁、紧张和心理紊乱等症状会明显减轻，而精力和愉快程度则明显增强。而且这种情绪的迅速变化，与锻炼者个体的健康状况、活动形式和活动强度等有着直接的联系。

 长期效应

　　体育锻炼对人情绪的长期效应有着直接的影响，与不锻炼者相比，有规律的锻炼者在较长时期内很少会产生焦虑、抑郁、紧张和心理紊乱等情绪。

▼ 完善个性行为特征　见表 2-2-1

见表 2-2-1

　　人们的行为特征一般可以分为两种类型，用 A 型行为特征和 B 型行为特征来表示。A 型行为特征主要表现为性情急躁、争强好胜、容易激动、整天忙碌和做事效率高等。B 型行为特征主要表现为不好竞争、不易紧张、不赶时间、对人随和、喜欢自由自在等。具有 A 型行为特征的人由于过度紧张的情绪反应，会引起内分泌失调，增加心脏病发病的概率。目前的一些研究主要集中在体育锻炼对改变 A 型行为特征的作用方面。研究结果表明，有规律的体育锻炼能明显改变 A 型行为特征。

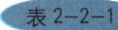 表 2-2-1　A、B 型个性行为特征常见表现

A 型行为特征者常见表现	B 型行为特征者常见表现
约会从来不迟到	对约会很随便
竞争意识很强	竞争意识不强
别人要讲话时总爱抢先或插话	是别人讲话时很好的听众
总是匆匆忙忙	即使有压力也从不匆忙
等待时缺乏耐心	能够耐心等待
干事时全力以赴	处事漫不经心
同时想干很多事	在一段时间里只干一件事情
讲话喜欢用加强语气，甚至敲桌子	讲话语速缓慢、不慌不忙
做了好事希望能得到别人的认可	只要自己满意即可，不管别人怎样想
吃饭、走路都很快	做事情很慢
不善与人相处	为人随和
容易暴露自己的感情	能控制自己的感情
具有广泛的兴趣	没什么业余爱好
雄心壮志	满足于目前的工作和学习状况

运动保健

确立良好自我概念

自我概念是指个体对自己身体、思想和情感的主观整体评价，它由许多自我认识组成，包括我是什么人、我主张什么和我喜欢什么等。

坚持体育锻炼，可以使锻炼者体格强健、精力充沛、提高驾驭身体的能力，从而改善对自身的满意程度，确立良好的自我概念。

改变睡眠模式

根据脑电图的显示，人的睡眠可以分为两种状态，即慢波睡眠状态和快波睡眠状态。前者为浅度睡眠状态，后者为深度睡眠状态。一夜之间两种睡眠状态会交替发生4～5次。

有规律的体育锻炼不仅对慢波睡眠有促进作用，而且能缩短入眠的潜伏期，并延长睡眠的时间。

改善认知能力

体育锻炼还能改善人的认知过程，避免反应时间过长、注意力不集中和思维混乱等症状的发生，尤其对老年人的认知能力改善效果更为明显。

增加心理治疗效应

体育锻炼被公认为是一种心理治疗的好方法。目前人群中常见的心理疾患是抑郁症和焦虑症。研究发现，体育锻炼是治疗抑郁症的有效手段之一，抑郁症患者经过有规律的体育锻炼，抑郁症状能明显减轻。

体育锻炼还具有治疗焦虑症的作用，通过有规律的体育锻炼，可以使锻炼者的焦虑症状明显改善。

第三节
运动保护

在运动过程中，人体机能会随时发生变化。因此，应针对这种机能变化的特点来进行体育锻炼，也就是我们所说的运动保护。运动保护一般包括运动前准备、运动后放松和自我养护三个方面。

 运动前准备 ◆◆◆◆◆◆◆◆◆

准备活动是指在正式运动之前进行的有目的的身体练习。做好充分的准备活动，可以缩短机体进入最佳状态的时间，同时还可以预防运动损伤的发生，为机体发挥最大的工作效率做好功能上的准备。

▼ 准备活动的作用

❋ 提高中枢神经系统兴奋状态

(1)使大脑反应速度加快，参加活动的运动中枢神经相互协调。

(2)为正式运动时生理机能达到适宜程度提前做好准备。

❋ 提高机体代谢水平

(1)准备活动可以使锻炼者体温升高，降低肌肉黏滞性，使肌肉的伸展性、柔韧性和弹性增强，从而有效预防运动损伤的发生。

(2)准备活动可以增强体内代谢酶的活性，使物质代谢水平提高，以保证运动时有较充分的能量供应。

❋ 克服内脏器官生理惰性

(1)准备活动可以提高心血管系统和呼吸系统的机能水平，使肺通气量及心血输出量增加。

(2)可以使心肌和骨骼肌的毛细血管扩张，使其工作肌获得更多的氧，从而克服内脏器官的生理惰性，使之尽快达到最佳状态。

增加皮肤毛细血管血流量

准备活动可以使皮肤毛细血管的血流量增加，运动后毛细血管扩张，有利于散热，降低体温，有效防止开始正式活动时由于体温过高而影响运动能力。

准备活动要求

准备活动时间

（1）准备活动的时间可以根据运动项目的具体情况确定，一般以10~30分钟为宜。

（2）准备活动与正式运动的间隔时间，一般以不超过15分钟为宜，可以在做完准备活动后立刻进行正式运动。

准备活动强度

（1）准备活动的强度和量应较正式运动小，以免引起不必要的疲劳。

（2）准备活动的量可以由心率来决定，心率以100~120次／分为宜。

准备活动内容

一般性准备活动

一般性准备活动的内容多以伸展运动开始，然后进行一般性的跑步、徒手体操等活动。

下面介绍一套常用的一般性准备活动操，供锻炼者运动前使用。这套活动操主要包括头部运动、肩部运动、扩胸运动、体侧运动、体转运动、髋部运动和踢腿运动等。

图 2-3-1

头部运动

头部运动的动作方法（见图 2-3-1）：两手叉腰，两脚左右开立，做头部向前、向后、向左、向右，以及绕环运动。

肩部运动

肩部运动的动作方法（见图 2-3-2）：手扶肩部，屈臂向前、向后绕环，以及直臂绕环。

扩胸运动

扩胸运动的动作方法（见图 2-3-3）：屈臂向后振动及直臂向后振动。

体侧运动

体侧运动的动作方法（见图 2-3-4）：两脚左右开立，一手叉腰，另一臂上举，并随上体向对侧振动。

体转运动

体转运动的动作方法（见图 2-3-5）：两脚左右开立，两臂体前屈，身体向左、向右有节奏地扭转。

髋部运动

髋部运动的动作方法（见图 2-3-6）：两脚左右开立，两手叉腰，髋关节放松，向左、向右 360 度旋转。

图 2-3-2

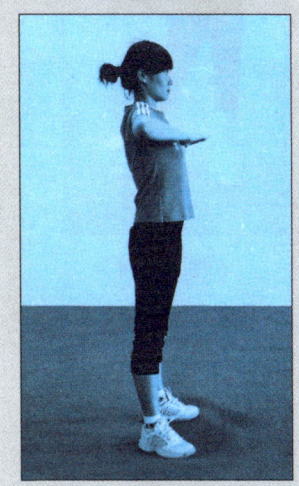

图 2-3-3

踢腿运动

踢腿运动的动作方法（见图 2-3-7）：两臂上举后振，同时一腿向后半步，重心置于前腿，两臂下摆后振，同时向前上方踢腿。

运动保健

图 2-3-4

图 2-3-5

图 2-3-6

图 2-3-7

专门性准备活动

专门性准备活动的动作方法、节奏和强度等与正式锻炼相似，目的是使人体主要肌群在运动前得到动员，为正式锻炼做好准备。

运动后放松

运动后放松是指运动之后所进行的一些能够加速机体功能恢复的、较轻松的身体活动。与运动前准备活动相反，其目的是使锻炼者的生理机能水平逐步得到恢复。

放松方法

运动性手段

（1）运动结束后，锻炼者可采用变换运动部位的方法来消除疲劳，如上肢出现疲劳时可做一些慢跑运动，下肢出现疲劳时可做一些上肢运动。

（2）转换运动类型也是一种不错的放松方法，如打羽毛球出现疲劳时，可从事瑜伽运动来达到放松的目的。

（3）还可以用调整运动强度的方法来缓解疲劳，如可以在放松过程中，采用小强度的轻微运动方法等。

整理活动 见图2-3-8

（1）整理活动是指运动后所做的一些能够加速机体功能恢复的身体活动，如剧烈运动后进行3～5分钟慢跑或其他整理活动，使身体机能得以恢复。

（2）剧烈运动后如不做整理活动而骤然停止动作，会影响氧气的补充和静脉血的回流，使机体血压降低，引起不良反应。

图 2-3-8

注意事项

(1)在进行整理活动时动作应缓慢、放松，运动量不要过大，否则会引起新的疲劳。

(2)在进行整理活动时，应当保持心情舒畅、精神愉快。

自我养护

锻炼后，锻炼者感觉身体疲劳是一种正常的生理现象，是体育锻炼过程中的正常反应，随着体育锻炼时间的延长，疲劳症状会自然消失。运动性疲劳出现后，锻炼者如果采用一些自我养护措施，可以加速身体机能的恢复，尽快消除疲劳，提高锻炼效果。常见的自我养护方法主要包括运动后休息、合理营养和物理手段等三种。

运动后休息

静止性休息　见图 2-3-9

(1)静止性休息是指锻炼者运动后保持机体相对的静止状态，以促进身体机能的恢复，尽快消除疲劳。

(2)静止性休息的最佳方式之一是睡眠，特别是刚开始从事锻炼者，身体不适应或疲劳症状明显时，更应该保证足够的睡眠，否则，锻炼者虽然积极参加了体育锻炼，但收效甚微，甚至会导致过度疲劳症状的发生。

（3）静止性休息更适合于消除全身运动导致的整体疲劳症状。

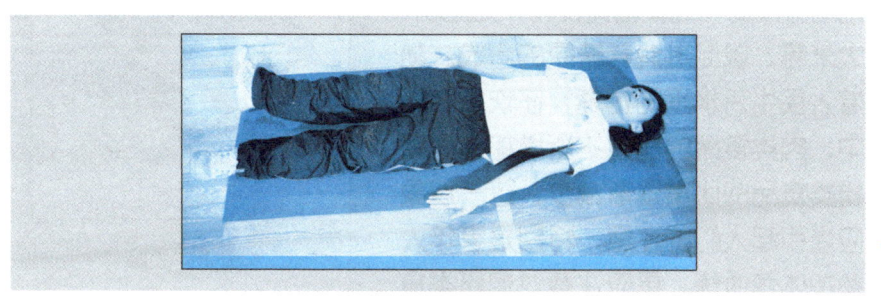

图2—3—9

积极性休息 见图2—3—10

（1）积极性休息更适合由于少量肌肉群参与工作而导致的局部疲劳，或运动强度较大而导致的快速疲劳。

（2）积极性休息可以加速血液循环，有利于代谢物排出体外，对促进身体机能的恢复具有明显的效果。

图2—3—10

 见图 2-3-11

小强度、长时间的运动形式，主要是靠糖原的有氧代谢提供能量。运动后应及时补充淀粉类食物，如面粉、大米等，以促进消耗糖原的合成。随着人民生活水平的提高，在饮食结构中，肉类食品的比重不断增加，而淀粉类食品的比重逐渐减少，这一现象应当引起人们的注意，特别是老年人参加体育锻炼，更应注意对淀粉类食物的补充。

图 2-3-11

强度较大、时间又相对较长的运动形式，主要是靠糖原的无氧代谢提供能量。这样，糖原无氧代谢产物——乳酸便会在体内大量堆积。因此，运动后应多补充蔬菜、水果等碱性食品，以加速乳酸的清除，达到尽快消除疲劳的目的。

物理手段

 见图 2-3-12

（1）通过刺激神经末梢、皮肤结缔组织和毛细血管的按摩方法，可以使紧张的肌肉得以放松，从而改善局部组织和全身的血液循环，达到促进身体机能恢复的目的，这种方法可以在锻炼后马上进行。

（2）此外，还可以采取缓慢牵拉肌肉的方法，使收缩的肌肉得到充分的伸展放松。

水疗及电疗

（1）水疗包括芬兰式蒸汽浴、热水浴和桑拿浴等多种形式，主要作用是通过提高体温，促进血液循环，清除代谢物，以达到尽快消除疲劳、恢复体力的目的。

（2）水疗的时间一般以不超过 30 分钟为宜，如果时间过长，会进一步消耗体力，严重时甚至会出现暂时性脑缺血现象。

（3）如果条件允许，还可对疲劳的肌肉进行低频治疗。低频治疗仪的原理是模拟针灸疗法，使用时将电极用不干胶对称地粘贴在运动部位表皮上。这种疗法可以促进局部血液循环，改善组织代谢，缓解肌肉酸痛，消除疲劳。

图2—3—12

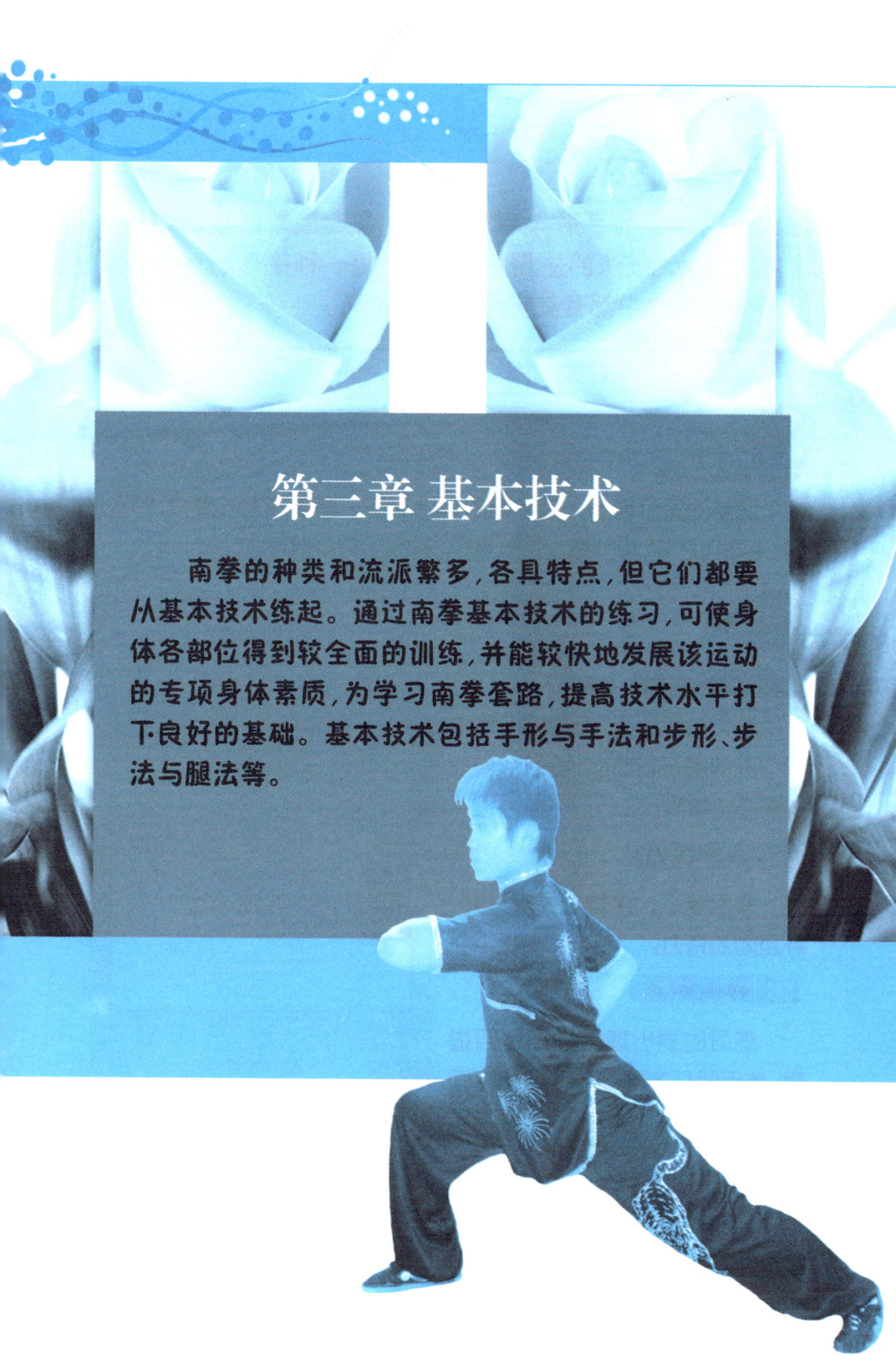

第三章 基本技术

　　南拳的种类和流派繁多,各具特点,但它们都要从基本技术练起。通过南拳基本技术的练习,可使身体各部位得到较全面的训练,并能较快地发展该运动的专项身体素质,为学习南拳套路,提高技术水平打下良好的基础。基本技术包括手形与手法和步形、步法与腿法等。

第一节
手形与手法

南拳中的手形与手法是通过在实战攻防技击中的不同技术、技法的应用所形成的,每一种手形与手法在不同的动作中都有其实际的攻防意义。

 **手形** ◆◆◆◆◆◆◆◆◆

南拳的流派很多,但不同的流派对于一些手形上的要求大同小异,主要包括拳、柳叶掌、虎爪、鹰爪、鹤嘴手和单指等。

 **拳**

动作方法 见图 3-1-1

五指卷屈握紧,拇指压于食指和中指的第二指节上,任何指骨都不得凸出拳面。

技术要点

拳面要平,冲拳时要求直腕,并且刚劲有力。

错误纠正

练习时易出现拇指扣在四指里、拳面凹凸不平、翘腕、塌腕等问题。因此,应练习冲拳,注意腰与肩协调用力。

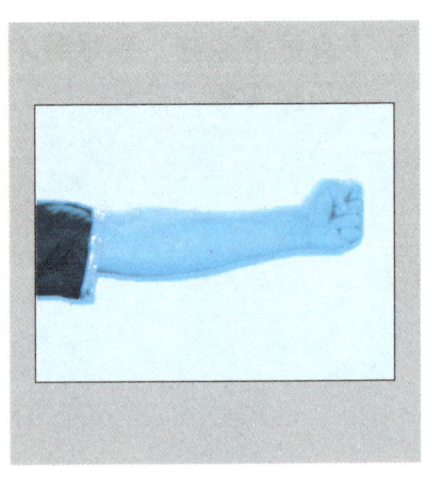

图 3-1-1

柳叶掌

动作方法 见图3-1-2

拇指弯曲，其余四指伸直并拢。

技术要点

拇指紧扣于虎口处，手腕要求翘腕。

错误纠正

练习时易出现拇指打开，四指弯曲、未并拢，在做推掌动作时直腕等问题。因此应在练习的过程中注意加强练习手与腕的柔韧性。

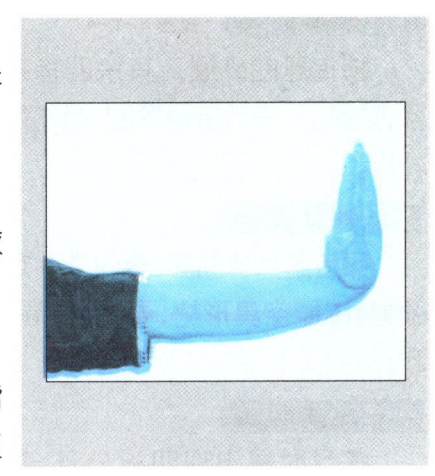

图3-1-2

虎爪

动作方法 见图3-1-3

五指用力张开，第二、三节指骨弯曲，第一节指骨尽量向手背的一面伸张，使掌心凸出。

技术要点

动作迅速有力、沉顺稳固，指端用力，肘腕坚实，翘腕。

错误纠正

练习时易出现五指并拢伸直、直腕等问题。因此，应注意将虎爪与鹰爪区别开来。

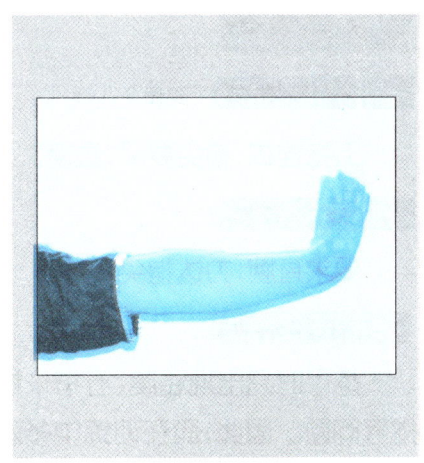

图3-1-3

手形与手法

031

▼ 鹰爪

❀ 动作方法　见图3-1-4

拇指弯曲外展，其余四指并紧，使第二、三节指骨弯曲，但不得并拢。

❀ 技术要点

保持适当弯曲度，要内含一定劲力，不能空具形势，要有鹰爪之利。

❀ 错误纠正

练习时易出现四指分开，第二、三节指骨扣不紧等问题。因此，应在训练中多注意虎爪与鹰爪的练习，对于两种手形要求加以区分。

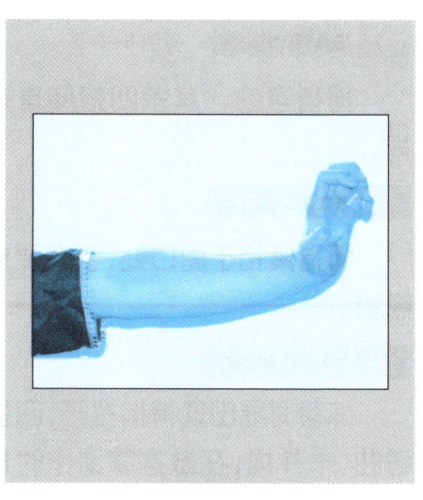

图3-1-4

▼ 鹤嘴手

❀ 动作方法　见图3-1-5

五指捏拢，指尖要平，直腕。

❀ 技术要点

要求直腕，力达指尖。

❀ 错误纠正

练习时易出现屈腕、五指未捏拢等问题。因此，应在训练中多注意动作要求，避免出现错误。

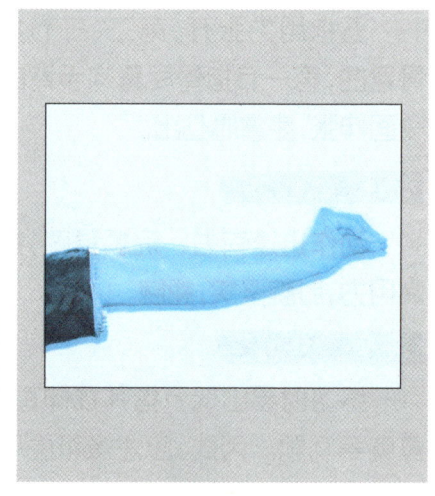

图3-1-5

单指

动作方法 见图3-1-6

食指伸直，其余四指的第一、二节向内紧屈。

技术要点

要求直腕，出指力达掌根处。

错误纠正

练习时易出现食指与弯曲的三指距离较大、拇指打开等问题。因此，应食指伸直，与三指并拢，拇指紧扣于虎口处。

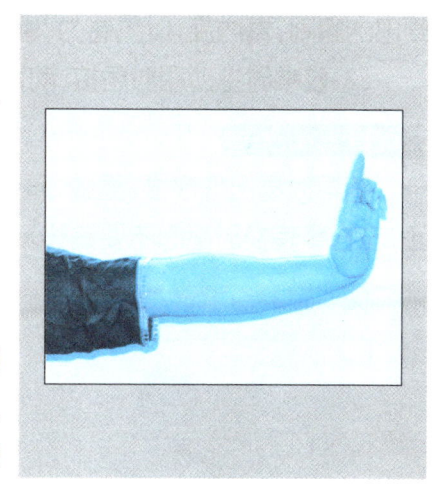

图3-1-6

南拳的手法在不同的技术动作当中，以攻防之间的转换和不同的手法变化为基础，并且有着不同的攻防意义。手法包括拳法、掌法、爪法和桥法等。

拳法

左右前冲拳

动作方法 见图3-1-7

（1）由马步抱拳开始，右拳向前冲出，拳心朝下呈平拳（拳眼朝上为立拳），高与肩平，目视右拳；

（2）右拳收回腰间，同时左拳向前冲出，拳心朝下呈平拳（拳眼朝上为立拳），高与肩平，目视左拳；

（3）左右反复练习。

技术要点

（1）冲拳时以腰发力，上臂催前臂，力达拳面，当肘关节将要离开腰部的瞬间，臂内旋，以气催力，拳带钻劲；

（2）收拳时主动屈肘后拉，前臂外旋，拳走直线。

错误纠正

练习时易出现弯腰、跪膝、撅臀等问题。因此，应注意保持身体中正，左右拳转换时重心不要偏移。

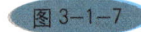

图 3-1-7

左右撞拳

动作方法 见图 3-1-8

（1）由并步抱拳开始，左脚向左侧横跨一步，左腿屈膝呈左弓步，同时右拳屈肘由下向前、向上勾撞，拳面朝上，拳心朝里，高与肩平，目视右拳；

（2）以两脚掌为轴，身体右转 180 度，右腿屈膝呈右弓步，同时左拳屈肘由下向前、向上勾撞，拳面朝上，拳心朝里，高与肩平，右拳收抱于腰间，拳心朝上，目视左拳；

（3）左右反复练习。

◈ 技术要点

撞拳要充分借助扣膝、转腰的力量,发短劲,手腕略向里扣,力达拳面,上臂与前臂的夹角在 90～100 度之间。

◈ 错误纠正

练习时易出现拔跟(脚跟离地)、后腿弯曲、躯干向左右侧倾、两脚横向距离小等问题。因此,应按照动作方法多加练习,体会动作要领。

图 3-1-8

左右盖拳

◈ 动作方法 见图 3-1-9

(1)由并步抱拳开始,左脚向左侧迈步,脚尖朝前,屈膝半蹲呈左弓步;

(2)同时身体左转,左拳向左侧伸出后直臂向下、向体后抡摆至与肩同高,拳心朝下,右拳向右侧伸出后直臂向上、向左弧形抡盖至体前,拳心斜朝里,力达拳心,目视右拳;

(3)身体右转 180 度,左腿挺膝伸直,右腿屈膝半蹲呈右弓步;

(4)同时右拳由前向上、向下、向后抡摆至与肩同高,拳心朝下,左

拳由后经下向上、向前弧形抡摆至体前,拳心斜朝里,力达拳心,目视左拳;

(5)左右反复练习。

技术要点

(1)转体时,以腰带臂,臂绕经体侧沿立圆运行,腰背发力,收腹含胸,抡盖至终点要制动,发力要明显;

(2)抡拳时应注意拳心朝下。

错误纠正

同左右撞拳。

图3-1-9

左右挂拳

动作方法 见图3-1-10

(1)由半马步抱拳开始,左拳向内经上向左侧抄挂,臂略屈,拳心朝上,力达拳背,同时右拳收抡于腰间,掌心朝上,目视左拳;

(2)右拳向内经上向右侧抄挂,臂略屈,拳心朝上,力达拳背,同时左拳收抱于腰间,拳心朝上,目视右拳;

(3)左右反复练习。

技术要点

挂拳时臂先内旋后外旋,经体前立圆运行,目随手动,以腰带臂,手腕略扣。

错误纠正

练习时易出现上体前倾、重心不稳等问题。因此,应注意控制身体重心不要偏移。

图 3-1-10

 **掌法**

左右推掌

动作方法 见图 3-1-11

(1)由马步抱拳开始,左拳变掌用力向前推击,掌指与肩平,目视左掌;

(2)右拳变掌用力向前推击,掌与肩平,同时左掌变拳,收抱于腰间,拳心朝上,目视右掌;

(3)左右反复练习。

技术要点

臂由屈至伸,推掌时臂肌收缩适度,力发于腰,力达掌根或掌的外缘。

错误纠正

练习时易出现腰间的指尖朝前、目不随掌等问题。因此,应注意指尖朝下,掌心朝前,目视左、右掌。

图 3-1-11

挑掌

动作方法 见图 3-1-12

由马步抱拳开始,两拳变掌经内向上、向外弧形挑起,两掌心朝后,掌指略高于肩,目视前方。

技术要点

以肘关节为轴,以拇指侧为力点,两肘下垂略向里合。

❋ **错误纠正**

　　练习时易出现臂肌无力、两臂夹紧等问题。因此,臂肌应保持一定的紧张度,两臂与身体大约 5 厘米距离。

图 3—1—12

标掌

❋ **动作方法**　见图 3—1—13

　　由马步抱拳开始,两拳变掌直线向前标出,臂高与肩平,掌心相对,力达指尖,目视两掌。

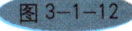

❋ **技术要点**

　　臂由屈至伸,以掌领先,以肘催手,用力要短、快。

❋ **错误纠正**

　　练习时易出现两臂弯曲等问题。因此,应两臂伸直,与肩同高。

图 3—1—13

爪法

左右抓面爪

动作方法 见图 3-1-14

（1）由并步抱拳开始，左脚向左侧开步，脚尖朝左，两膝弯曲呈半马步，同时左拳变虎爪，由腰间经外向里、向下按，手心朝前，目视左爪；

（2）身体略左转，左腿屈膝，右腿蹬地挺膝呈左弓步，同时右拳变虎爪，由腰间向前抓击，手心朝前，高与面平，左虎爪置于腹前，手心斜朝下，目视右爪；

（3）右脚上步，身体左转，两膝弯曲呈半马步，同时左虎爪变拳，收回腰间，拳心朝上，右虎爪略经外向里、向下按，手心朝前，目视右爪；

（4）身体略右转，左腿屈膝，左腿蹬地挺膝呈左弓步，同时左拳变虎爪，由腰间向前抓击，手心朝前，高与面平，右虎爪置于腹前，手心朝下，目视左爪；

（5）此动作在行进间反复练习。

技术要点

（1）上步要平稳，半马步时闭气蓄劲；

（2）弓步抓面爪的发劲由下至

上,充分借助后腿的蹬劲,躯干略前倾,做到形（虎形）意合一。

🔰 **错误纠正**

练习时易出现把半马步做成马步,弓步抓面爪、虎爪、鹰爪不分等问题。因此,应注意半马步重心在后腿,虎爪要五指分开。

图 3-1-14

左右鹤嘴手

🔰 **动作方法** 见图 3-1-15

（1）由并步抱拳开始,左脚向前上步,身体略向左转,右拳变掌,向右前上方穿出,掌心朝上,左拳变掌,自然后摆,掌心朝下,目视右掌；

（2）上动不停,躯干略右转,右掌以腕为轴沿逆时针方向缠绕一周,变鹤嘴手向右上方啄击,指尖朝外,目视右手；

（3）上动不停,右脚向前上步呈右虚步,躯干略右转,左掌变鹤嘴手,绕经左肩外侧向右前上方啄击,指尖朝右,与太阳穴同高,左臂略屈,肘关节下垂,右鹤嘴手随屈肘拉至右肩侧,指尖朝外,目视左手。

技术要点

（1）动作要连贯，虚步定势时手脚配合完整，躯干略向右拧转，右臂内旋，左臂外旋；

（2）鹤嘴手五指捏拢，直腕。

错误纠正

练习时易出现鹤嘴手与勾手不分等问题。因此，应注意鹤嘴手为直腕，勾手为屈腕，动作要做得清晰到位。

图 3—1—15

 桥法

缠桥

动作方法 见图 3—1—16

由右弓步抱拳开始，以左手缠桥为例，左拳变掌，左臂侧伸，以手腕活动为主，向内或向外划立圆后呈擒拿手状。

技术要点

缠桥时上肢保持松、沉，缠手后即变擒拿动作。

错误纠正

练习时易出现上肢紧张、动作僵硬等问题。因此，应上肢放松，缠手时保持灵活状态，变拳以后握紧。

图 3—1—16

沉桥

🔹 **动作方法**　见图3-1-17

由两脚开立步（二字马步）、两臂屈肘于胸前（掌心朝后）开始，两臂屈肘内旋，同时下沉，使前臂用力向下压，掌心朝下。

🔹 **技术要点**

沉肩夹肘，臂肌保持适度紧张。

🔹 **错误纠正**

练习时易出现掌心相对等问题。因此，应保持臂肌适度紧张，掌心向前。

图3-1-17

第二节

步形、步法与腿法

南拳步形、步法与腿法的特点明显，进退步刚劲有力，腿法快速，力点准确，故民间有"铁马硬桥"之说。

 **步形**

南拳的步形与其他拳种相比较，特点明显，包括拐步、骑龙步、独立步和单蝶步等。

 拐步

❀ 动作方法　见图 3-2-1

两腿前后交叉，前腿屈膝下蹲，脚尖外展（约 90 度），后腿屈膝下跪，膝部接近地面，脚跟离地，收腹敛臀。

❀ 技术要点

上体保持正直，沉气、坐胯，前脚踩地。

❀ 错误纠正

练习时易出现身体正直、重心过高等问题。因此，应练习扭腰，同时进行两手把杆下蹲练习。

图 3-2-1

 骑龙步

❀ 动作方法　见图 3-2-2

前腿屈膝半蹲，全脚掌着地，后腿屈膝下跪（不得贴地），前脚掌着地，两脚间相距约 3 个脚长。

❀ 技术要点

上体正直，收腹、沉胯，重心偏于前腿。

❀ 错误纠正

练习时易出现后腿伸直等问题。因此，应多做上步练习，注意后脚跟抬起。

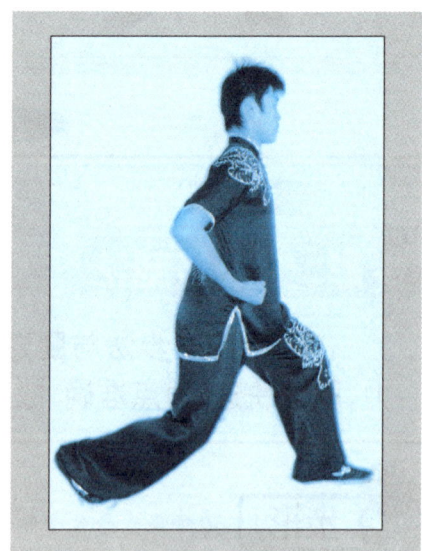

图 3-2-2

▼ 独立步

※ 动作方法　见图 3-2-3

一腿伸直站立，支撑体重，另一腿屈膝提起，脚面绷直，脚尖朝下，收腹立腰，站立要稳。

※ 技术要点

支撑脚五趾抓地，挺膝、沉气。

※ 错误纠正

练习时易出现支撑腿弯曲、提膝腿膝盖低于腰间、身体前倾等问题。因此，应加强柔韧性练习，贴墙抱膝拉伸大腿外侧肌肉。

图 3-2-3

▼ 单蝶步

※ 动作方法　见图 3-2-4

一腿屈膝下蹲，另一腿跪地（小腿内侧贴地），收腹立腰。

※ 技术要点

下蹲腿全脚掌着地，脚跟与跪地腿的膝盖基本平行。

※ 错误纠正

练习时易出现重心过高、下蹲腿没有完全着地等问题。因此，练习时重心要往屈膝腿方向用力。

图 3-2-4

 **步法**

南拳的步法方位变化多样,进退快速突然,步法刚劲有力,包括走三角步和麒麟步等。

 **走三角步**

动作方法 见图3-2-5

(1)由并步开始,左脚向右前方上步,脚尖外摆,膝略屈,右腿屈膝下跪,脚跟离地;

(2)右脚由后经左脚前绕上一步,脚尖里扣,膝略屈,左脚脚跟离地,略屈膝;

(3)身体左转,左脚弧形后退一步,转身呈弓步或马步。

技术要点

重心下沉,上体中正,摆扣步适度。

错误纠正

练习时易出现重心过高等问题。因此,应多练习下肢蹲腿动作,加强腿部肌肉。

图3-2-5

 麒麟步

动作方法 见图3-2-6

（1）由并步开始，左脚向右前方上步，脚尖外摆，膝略屈，右脚屈膝下跪，脚跟离地，两腿交叉；

（2）右脚由后经左脚前向左前方上步，脚尖外摆，膝略屈，左脚屈膝下跪，脚跟离地，两腿交叉；

（3）左脚由后向左前方上步，脚尖朝左，两腿屈膝呈半马步。

技术要点

（1）重心较低，步幅较大，步频逐渐加快；

（2）注意沉气、坐胯、踩脚、敛臀，上体保持中正。

错误纠正

练习时易出现重心过高、定势动作放重心在两腿中间等问题。因此，应多练习下肢蹲腿动作，加强腿部肌肉，注意定势动作重心始终在后腿。

图3-2-6

 腿法 ◆◆◆◆◆◆◆◆◆◆

南拳的腿法主要以进攻性腿法为主，包括前蹬腿、前钉腿和踩腿等。

 前蹬腿

动作方法 见图 3-2-7

腿由屈到伸，脚尖翘起，以脚跟为力点向前猛力蹬出，上体保持正直，目视蹬腿方向。

技术要点

（1）蹬腿是屈伸性腿法，提膝与蹬腿要连贯；

（2）提膝时小腿放松，蹬腿时爆发式用力；

（3）支撑脚五趾抓地、收腹、立腰、紧臀。

错误纠正

练习时易出现支撑腿弯曲，身体前倾或后仰等问题。因此，应加强柔韧性练习，身体靠墙练习蹬腿动作。

图 3-2-7

 前钉腿

动作方法 见图 3-2-8

一腿屈膝提起，由屈到伸，迅速向前下方钉踢，脚尖绷直，高不过膝，目视脚尖。

🌼 **技术要点**

（1）提膝时以大腿带动小腿，踝关节放松；

（2）钉腿时挺膝，脚面用力绷直，发劲快、脆。

🌼 **错误纠正**

练习时易出现支撑腿伸直、勾脚尖等问题。因此，应多练习下肢力量，加强身体平衡能力，并注意支撑腿弯曲，脚尖绷平。

图 3-2-8

 **踩腿**

🌼 **动作方法** 见图 3-2-9

一腿屈膝提起，膝关节外展，由屈到伸，迅速向前下方踩出，脚尖勾紧并翻转朝外，高不过膝，目视脚跟。

🌼 **技术要点**

边屈膝边外展，脚尖尽量朝外，用劲短促、干脆，力达脚掌内侧。

🌼 **错误纠正**

练习时易出现支撑腿伸直、绷脚尖等问题。因此，应多练习下肢力量，加强身体平衡能力，并注意支撑腿弯曲，勾脚尖。

图 3-2-9

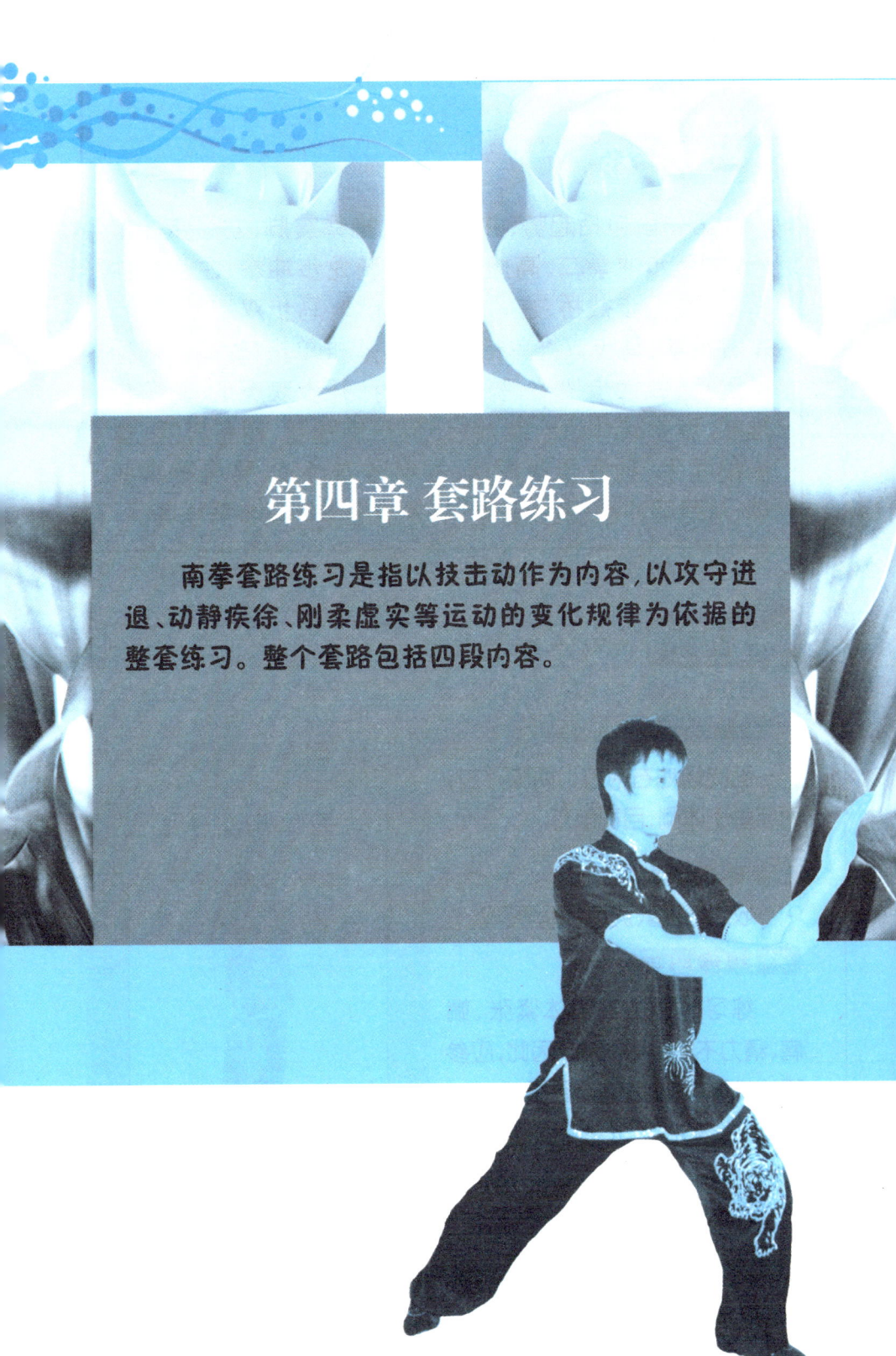

第四章 套路练习

　　南拳套路练习是指以技击动作为内容,以攻守进退、动静疾徐、刚柔虚实等运动的变化规律为依据的整套练习。整个套路包括四段内容。

第一节

第一段

　　第一段包括起势、并步抱拳、抱拳震脚、左弓步冲拳一、左弓步冲拳二、高虚步鞭拳、骑龙步冲拳、左弓步冲拳三、左弓步截桥、左弓步缠桥标掌、马步双切掌、马步左右挑掌、马步双推单指一、马步双推单指二、马步双标掌沉桥、右弓步架桥、骑龙步压肘、开步双虎爪、骑龙步推掌、腾空转体里合腿、跌仆剪扫侧踹腿、鲤鱼打挺、虚步鹤嘴手、独立步双虎爪、左弓步双虎爪、转身鞭拳插掌、前蹬腿冲拳、跪步盖拳、骑龙步撞拳和马步劈桥等。

动作方法　见图4-1-1

　　面向场地右前方，两脚并立，两手垂于体侧，目视前方。

技术要点

　　收腹、挺胸、沉肩，下颌略收。

错误纠正

　　练习时易出现身体紧张、端肩、精力不集中等问题。因此，应参照技术要点，体会动作要领。

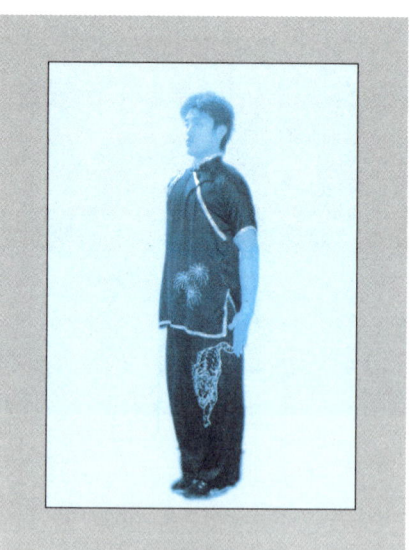

图4-1-1

并步抱拳

动作方法　见图4-1-2

（1）两臂经体侧抬起后向前平举，掌心朝下；

（2）两掌握拳，两臂屈肘，两拳收于胸前；

（3）两臂外旋，两拳往上，向前下挂；

（4）两掌顺下挂之势抱于两腰侧，目视左前方。

技术要点

屈肘时应迅速、有力。

错误纠正

练习时易出现两肩、肘关节放松等问题。因此，应注意肩关节与肘关节的配合，做动作时两肩与肘关节要夹紧。

图4—1—2

抱拳震脚

 动作方法 见图4—1—3

（1）两腿略屈，两脚蹬地跳起；

（2）两脚用力踏地震脚。

 技术要点

两脚不必跳得过高。

 错误纠正

练习时易出现两拳放松、无劲力等问题。因此，应注意两拳紧扣于腰间。

图4—1—3

左弓步冲拳一

 动作方法 见图4-1-4

（1）两臂外展，两拳向两侧分开；

（2）左脚向右前方上步，随即左拳变掌，与右拳同时收于腹前，两腕交叉，右拳在外；

（3）右脚绕经左脚向左盖步，左脚向前上步呈半马步，左掌与右拳相继经左向上，向两侧划弧绕摆，左掌与右拳屈肘收于右胸前，掌心与拳面相对，目随右拳转视，而后转头目视左前方；

（4）左腿前弓呈左弓步，右拳前冲呈立拳，左掌护于右上臂内侧，掌心朝右，目视前方，同时发声"嗨"。

技术要点

（1）步伐的运行为麒麟步，要与两臂绕行协调配合；

（2）呈半马步时应蓄劲再冲拳。

错误纠正

练习时易出现平拳等问题。因此，应多练习冲拳，要求立拳。

图 4-1-4

左弓步冲拳二

 见图 4-1-5

（1）重心后移呈左半马步，左掌经右臂上侧向前平抹，右拳收于腰右侧；

（2）左腿前弓呈左弓步，右拳前冲呈立拳，左掌护于右上臂内侧，掌心朝右，目视前方。

技术要点

左掌前抹要力达掌小指侧缘，迅速右冲拳。

错误纠正

练习时易出现后腿无力等问题。因此，应注意连接后腿蹬住。

图 4-1-5

高虚步鞭拳

◆ **动作方法** 见图4-1-6

（1）左脚向前踏半步，左掌右拳向左侧平摆；

（2）右脚向前方上步，脚尖点地呈高虚步，右拳向右平抡鞭挞，右臂屈肘，左掌护于右胸前，掌心朝右下方，目视右前方。

◆ **技术要点**

右臂略屈肘，力达右拳背。

◆ **错误纠正**

练习时易出现用肩发力鞭拳、前脚掌着地等问题。因此，做鞭拳时应肘关节发力，脚尖点地。

图4-1-6

骑龙步冲拳

◆ **动作方法** 见图4-1-7

（1）右脚落实，左掌变拳，两臂屈肘，两拳收于左胸前，目随拳移；

（2）身体右转呈骑龙步，左拳前冲呈立拳，右臂平屈，右拳收于右胸前，拳眼朝上，目视前方。

技术要点

两肩尽量展开。

错误纠正

练习时易出现膝盖着地等问题。因此,应注意左膝不能着地。

图 4-1-7

 左弓步冲拳三

动作方法 见图 4-1-8

(1)身体左转,左脚向右前方盖步,左拳变掌略下落,右拳下落,随转体经上向右、向下抡摆;

(2)右脚向左脚并拢,两腿略屈,右拳经左向上、向右划弧抡摆,左掌经下向左上方摆动,两手心朝下,目视前方;

(3)左脚向左开步呈半马步,左掌绕经面前收于右肩前,右拳收于腰右侧;

(4)身体左转呈左弓步,右拳向右冲出呈立拳,左掌变拳收于腰左侧,目视右前方。

技术要点

（1）盖步后呈马步与两臂绕行要协调；

（2）右冲拳时呈侧弓步，不可做成横裆步。

错误纠正

练习时易出现腰部弯曲等问题。因此，腰部应立直，由马步变换成弓步，身体要协调配合。

图4-1-8

 左弓步截桥

动作方法 见图4-1-9

（1）身体右转，右拳收于腰右侧，目随拳移；

（2）身体左移呈左弓步，右前臂外旋向前截桥，目视右前方。

第一段

技术要点

截桥时应力达前臂桡骨侧及掌小指侧,右臂屈肘。

错误纠正

练习时易出现肘关节伸直等问题。因此,应注意肘关节弯曲,肘尖朝下。

图4-1-9

左弓步缠桥标掌

动作方法 见图4-1-10

(1)右拳变掌,以腕为轴,沿逆时针方向绕转一周;

(2)身体右转,右臂沉桥,右掌收于腰右侧,目随掌移;

(3)身体左转呈左弓步,右掌向右标出,掌心朝下,目视右前方。

技术要点

缠桥圆周直径不得大于30厘米,右臂略屈肘,沉桥后迅速变掌,力达掌指,弓马步变化要明晰。

错误纠正

练习时易出现手向内划圈不明确等问题。因此,由拳变掌时划内圈要明显,由马步变弓步时身体配合要协调一致。

图 4-1-10

 马步双切掌 ◆◆◆◆◆◆◆

动作方法 见图 4-1-11

（1）右脚略向后退步，左拳变掌，右拳收于腰左侧，目随掌移；

（2）身体略右转呈马步，两掌随前臂内旋向前切出，掌心朝下，右掌高与肩平，左掌低不过腹，目视前方。

技术要点

两臂屈肘，切掌力达掌小指侧缘。

错误纠正

练习时易出现掌心朝前等问题。因此，两手手腕应尽量拉伸，两臂屈肘，掌心朝下。

图 4-1-11

马步左右挑掌

动作方法 见图 4-1-12

左掌向左上方划弧挑起，右掌向右上方划弧挑起，目视前方。

技术要点

两掌由下向上挑，力达四指。

错误纠正

练习时易出现掌心朝下等问题。因此，两手向上挑掌应迅速，注意掌心朝前。

图 4-1-12

马步双推单指一

动作方法 见图4-1-13

（1）两掌变单指手，随两臂屈肘上抬至两肩上，目光扫视左肘；

（2）两肘下沉，两手落至两肩前，随后沉稳发劲向前缓缓推出，目光先随右手移动，后转视前方。

技术要点

两肩应紧靠身体向下沉落，再向前推出，下沉时两臂保持肌肉紧张状。

错误纠正

练习时易出现肘关节放松等问题。因此，肘关节应夹紧，头部左右变换配合协调。

图4-1-13

马步双推单指

动作方法 见图4-1-14

（1）两单指手随两臂屈肘上抬至两肩上，目光扫视左肘；

（2）两肘下沉，两手落至两肩前，随后沉稳发劲，向前缓缓推出，目光先随左手移动，后转视前方。

技术要点

两肩应紧靠身体向下沉落，再向前推出，下沉时两臂保持肌肉紧张状。

错误纠正

练习时易出现肘关节放松等问题。因此，肘关节应夹紧，头部左右变换配合协调。

图4-1-14

马步双标掌沉桥

动作方法 见图4-1-15

（1）两单指手随两肩屈肘上抬至两肩上，两单指手变掌，向下沉桥至两腰侧，随即向前标出；

（2）两肩屈肘沉桥，目视前方。

套路练习

 **技术要点**

标掌力达掌指后再沉桥,使两掌指朝前上方。

错误纠正

练习时易出现两臂伸直等问题。因此,向前标出时肘关节应略屈。

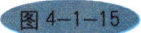

图4—1—15

 **右弓步架桥**

动作方法 见图4—1—16

(1)两掌变拳,向两侧分摆,两脚蹬地跳起,身体在空中左转,两脚

落地呈半马步,两拳内收交叉于胸前,右拳在外,拳心斜向下,目随右拳环视;

（2）身体右转呈右弓步,两前臂内旋,两拳随转身上架,目视前方。

技术要点

两脚先起跳后同时落地呈半马步,两臂同时上架。

错误纠正

练习时易出现两拳高低不等等问题。因此,应注意两臂上架时两拳对扣。

图 4—1—16

骑龙步压肘

动作方法　见图 4—1—17

（1）左脚向右脚后插步,右前臂外旋左移,左拳变掌,划弧下落至右臂下方,随后向前上方穿出,右拳收于腰右侧,目随掌移;

（2）右脚抬起向右侧落步,前脚掌着地呈骑龙步,右臂屈肘上抬,

经胸前向左前臂内侧压肘，目视右
肘尖。

技术要点

（1）压肘时屈右臂，肘经胸前
向左侧反臂下压，力达肘尖部，身
体向左下方含胸内扣；

（2）骑龙步右膝不得着地。

错误纠正

练习时易出现肩关节紧张（俗
称"端肩"）等问题。因此，应注意肩
关节放松。

图 4-1-17

开步双虎爪

✿ **动作方法** 见图4—1—18

（1）右脚向前上步，上体右转，左掌变拳，前冲呈立拳，右臂屈肘，右拳收于右胸前，目随左拳；

（2）左脚向前上步，上体左转，右拳前冲呈立拳，左臂屈肘，左拳收于左胸前，目随右拳；

（3）身体右转呈开步，两拳变虎爪，左虎爪向前推出，右虎爪拉回右胸前，目视左前方。

✿ **技术要点**

（1）左、右冲拳要力达拳面，然后再推爪；

（2）虎爪五指分开，弯曲；

（3）推爪时两肩要展开，力达左爪心。

✿ **错误纠正**

练习时易出现虎爪指关节放松等问题。因此，应注意由拳变呈虎爪要自然变换，虎爪手形要紧。

图4—1—18

骑龙步推掌

动作方法 见图4-1-19

身体左转呈骑龙步，两虎爪变掌，右掌前推，左掌后收，护于右上臂内侧，目视前方。

技术要点

前推掌与骑龙步要同时完成，骑龙步两膝不着地。

错误纠正

练习时易出现下肢动作摇晃等问题。因此，应多练习身体平衡能力，下盘沉稳。

图4-1-19

腾空转体里合腿

动作方法 见图4-1-20

（1）右脚、左脚相继向前上步，两手经下向右上方抡摆；

（2）右脚向前上步蹬地跳起，身体腾空向左后转，左腿屈膝随体转，右腿里合摆动，两手自然抡摆。

技术要点

（1）上步要紧凑，右腿蹬离地面再里合，然后结合上步进行完整动作；

（2）腾空转体要有一定高度，里合腿在空中完成。

错误纠正

练习时易出现上步时走碎步、落地又弹起等问题。因此，上步要紧凑，落地时不要弹起，直接下落。

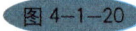
图 4—1—20

 跌仆剪扫侧踹腿

动作方法 见图 4—1—21

（1）身体左侧着地，同时两手仆地，左腿屈膝贴地，右腿自然伸直，目视右前方；

（2）右腿屈膝，左腿伸直交剪，随即左腿屈膝、右腿向右上方侧踹。

技术要点

（1）着地时两手、左腰外侧及左脚外侧应同时仆地，避免某一部位先着地而造成损伤；

（2）剪腿要清楚，侧踹要有力，侧踹腿时脚尖要勾，且有一定高度，剪扫腿动作做出来。

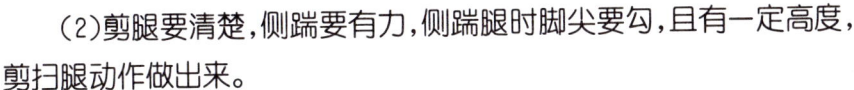

错误纠正

练习时易出现身体完全贴于地面、踝关节放松等问题。因此，落地时左手肘关节应支撑住身体，脚绷紧。

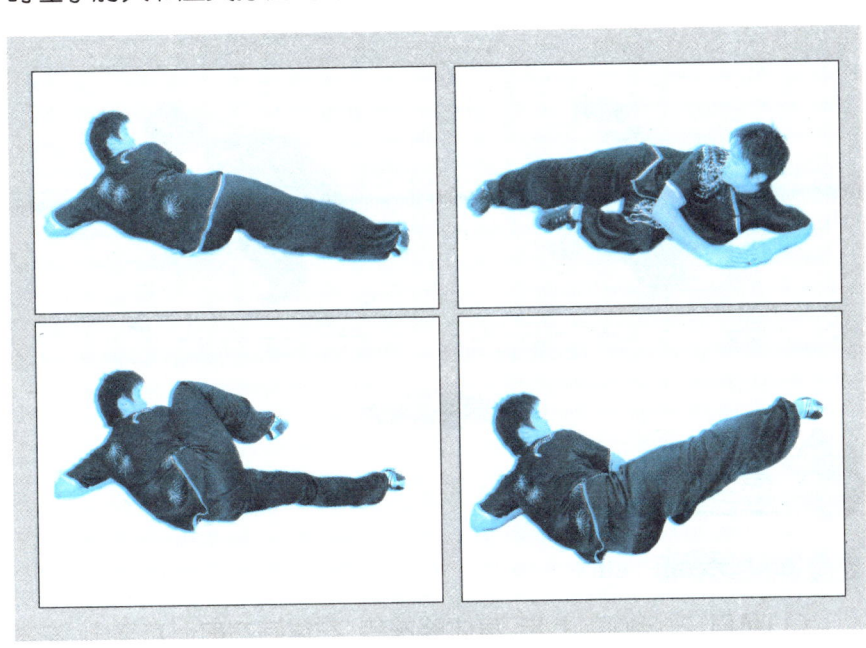

图 4-1-21

 **鲤鱼打挺**

动作方法 见图 4-1-22

（1）身体右转，肩背贴地，屈髋收腹，两腿自然伸直，两手扶腿；

（2）两腿向前弹伸，同时挺腹，身体向前跃起，随即下蹲，两手拍地，目随掌移。

技术要点

（1）打挺前两手不可撑地借力，挺腹应迅速，落地轻快，而后两手再拍地；

（2）腹肌应充分用力，两腿用力向身后插。

练习时易出现两手打开、重心向后等问题。因此,应将两手放在膝盖处,挺起后重心向前,两腿和腰部协调配合。

图 4—1—22

虚步鹤嘴手

❋ **动作方法** 见图 4—1—23

(1)起身,左脚向前上步,身体略左转,右掌向右前上方穿出,左掌自然后摆,目视右掌;

(2)上体略右转,右手以腕为轴沿逆时针方向绕转一周,变鹤嘴手向右斜下方啄击,目视右手;

(3)右脚向前上步呈右虚步,上体右转,左掌变鹤嘴手,绕经左肩外侧向右前方啄击,左臂略屈,右鹤嘴手收至右肩前,目视左手。

❋ **技术要点**

右手变勾向右后紧拉,左手鹤嘴手要直腕,注意手形变换的动作和路线。

❋ **错误纠正**

练习时易出现没有旋腕动作、鹤嘴手与勾手不分等问题。因此,应多练习右手旋腕动作,注意鹤嘴手是直腕,而勾手则是屈腕。

图 4-1-23

 独立步双虎爪

动作方法 见图 4-1-24

右脚落实,左腿屈膝提起,同时两鹤嘴手变虎爪,手经腰右侧向身体两侧推出,目视左前方。

技术要点

(1)两爪推出要力达爪心、爪指;

(2)右腿要稳固;

(3)独立步动作提膝,脚面要绷平,膝过腰以上,支撑腿蹬直,虎爪五指充分张开。

错误纠正

练习时易出现支撑腿弯曲、动作不协调等问题。因此,支撑腿应伸直,提膝和展臂动作协调一致。

图 4-1-24

左弓步双虎爪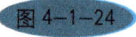

动作方法 见图 4-1-25

(1)身体右转,左脚向前落步,同时两虎爪变拳,右拳经腰右侧前冲呈立拳,左臂略屈肘,左拳收于左胸前,目随右拳;

(2)右脚向前上步,身体右转,左拳前冲呈立拳,右臂屈肘,右拳收于右胸前,目随左拳;

(3)左脚向右脚前盖步,两拳变虎爪,右爪经面前向左下方划弧呈护面爪,左爪收至腰左侧,目随右爪;

(4)右腿略抬起,左腿蹬地跳起,两腿屈膝悬空,同时左爪经面前向右下方划弧呈护面爪,右爪随跳起自然绕至腰右侧;

(5)两脚落地,身体左转呈左弓步,同时右爪向前推爪,左爪伏于右肘下,目视右爪,同时发声"呜"。

技术要点

(1)左、右冲拳要力达拳面,然后再向前高跃,两脚要同时落地;

（2）发声要与推爪一致，腾空跳起时，两腿收回控制，注意发声"呜"时底气要足。

错误纠正

练习时易出现两手混淆绕臂、弓步方向朝前等问题。因此，两手绕臂时应注意角度、顺序，弓步方向朝斜角 45 度。

图 4-1-25

套路练习

动作方法 见图4-1-26

（1）左脚略向前踏步，左爪变掌，右爪变拳，同时向左平摆；

（2）身体右转，右脚脚尖点地呈右虚步，右拳随转体向右平抡鞭挞，左掌摆至右胸前，目视右拳；

（3）身体右转，右脚向前上半步，右腿前弓呈骑龙步，左掌随臂伸直向前插出，掌心朝右，右臂屈肘，右拳收于右胸前，目视左掌。

技术要点

（1）鞭拳要力达右拳背，右臂略屈，注意右脚脚尖点地呈右虚步，右拳随转体向右平抡鞭挞；

（2）左插掌要顺着右臂前插，力达左掌指。

错误纠正

出拳时易出现手脚动作不协调等问题。因此，鞭拳时应肘关节发力，鞭拳与出脚同时进行。

图4-1-26

前蹬腿冲拳

动作方法 见图4-1-27

　　身体左后转，左腿屈膝提起，随即向前蹬出，左掌经下向左上方撩起，右拳随转体向前冲出，同时左臂屈肘，左掌护于右上臂内侧，目视前方。

技术要点

　　(1)左掌回身上撩要清楚；

　　(2)右拳前冲与左蹬腿要协调一致，力达拳面与脚跟部。

错误纠正

　　练习时易出现支撑腿伸直等问题。因此，冲拳和蹬腿应同时进行，支撑腿弯曲发力。

图4-1-27

跪步盖拳

动作方法 见图4-1-28

　　左脚向后落步，右脚后撤半步呈跪步，右拳左掌下落，经两侧向上抡绕，随即右拳向下盖压，左掌下落护于右肩内侧，目随右拳。

技术要点

(1)脚落地后,随即屈膝呈跪步,并盖拳,力达拳心;

(2)跪步时两腿屈膝下蹲,右脚跟抬起,两膝不要着地。

错误纠正

练习时易出现膝盖完全着地等问题。因此,应注意控制后腿力量,膝盖不能着地。

图 4—1—28

骑龙步撞拳

动作方法 见图 4—1—29

身体右转,右脚向前上步呈骑龙步,右拳由上向后下落,经腰右侧向前上方抛撞,左掌沿顺时针方向划弧护于右上臂内侧,目视右拳。

技术要点

右臂应靠近身体右侧抡摆,抛撞拳时拳面朝上,力达拳面。

错误纠正

练习时易出现重心不稳等问题。因此,应注意身体重心向右侧压低一点。

图 4-1-29

马步劈桥

动作方法 见图 4-1-30

（1）身体略右转，右臂向右后方划弧，左掌向前切出，目随左掌；

（2）身体左转呈马步，右臂伸直，由右向左横扫，右拳屈于左肩前，同时左掌沿逆时针方向划弧托于腹前，掌心朝上，头向左转，目视左前方；

（3）身体右转，右拳向右横扫劈出，头向右转，目视右拳。

技术要点

横劈桥时，腰要迅速右转，带动右臂，右臂略屈肘，力达右臂尺骨侧及小指侧缘。

错误纠正

练习时易出现身体前倾或后仰等问题。因此，应注意身体扭转用腰力，定势动作腰部要立住。

图 4-1-30

第二节

第二段

　　第二段包括转身挂盖拳、横钉腿右弓步冲拳、勒手横踩腿双推掌、单蝶步拍地、右弓步叠掌、麒麟步左弓步叠掌、右弓步架冲拳、左横裆步右抛拳、右横裆步左抛拳、上步挂盖拳、插步鞭拳、转身挂盖拳、骑龙步抛撞拳、马步撑掌、挂盖扫右弓步撞拳、歇步下冲拳、马步双挂拳和跪步双虎爪等。

转身挂盖拳

动作方法　见图 4-2-1

（1）重心左移，左掌变拳，经右胸前向左挂击，目视左拳；

（2）身体左转，左拳继续向左后摆，右拳经上向前下方盖压，目视前方。

技术要点

（1）左挂拳时，要力达拳背；

（2）盖拳时快速向前下盖，力达拳心，两肩夹紧，要快速有力，发短促力；

（3）两臂运行略有先后。

错误纠正

挂盖拳时易出现两拳横抡等问题。因此，两拳应随身体转动，两臂贴近身体依次抡臂，立圆，拳法要明显。

图 4-2-1

套路练习

动作方法 见图4-2-2

（1）左脚向右脚后插步，右臂屈肘外旋，右拳绕经面前向右格挡，左拳略向前移，目随右拳；

（2）身体略左转，左臂屈肘外旋，左拳绕经面前向左格挡，右拳收于腰右侧，目随左拳；

（3）右脚向后退一步，右拳前冲呈平拳，左拳收于腰左侧，目视右拳；

（4）右腿屈膝，由右向前横钉，左拳变掌向前穿压，右拳摆向身后，目视右脚；

（5）右脚向后落步，右拳前冲呈平拳，左掌变拳收于腰左侧，目视右拳；

（6）身体右转呈右弓步，左拳前冲呈立拳，右拳收于腰右侧，目视左拳。

技术要点

（1）退步左、右格拳要一步一格，上体不可后仰；

（2）横钉腿时，右腿要由屈到伸，并由右外向左运行，脚尖紧勾，脚外侧绷平，力达前脚掌和脚尖部，高与胯平，手掌向前穿压。

错误纠正

　　练习时易出现重心过高等问题。因此,身体重心应一直呈半蹲状,横钉腿时脚外侧绷平。

图 4-2-2

勒手横踩腿双推掌

动作方法　见图 4-2-3

　　(1)重心后移,左脚贴地略向前移,两拳变鹰爪向右前方划弧,目随爪移;

　　(2)左腿抬起向右前下方横踩,两爪拉向腰左侧,目视左脚;

　　(3)左脚向后落步呈骑龙步,两爪变掌向前推出,左掌掌心朝上,右掌掌心朝下,目视前方。

技术要点

　　(1)勒手时,两手要变鹰爪,两臂要外旋;

　　(2)横踩要由屈到伸向前下方踩击,力达脚底部;

　　(3)骑龙步两推掌力达小指侧缘;

　　(4)注意由鹰爪到掌的手法变化,更要注意方向变化。

错误纠正

　　练习时易出现腿法、掌法不明确等问题。因此，应横踩腿，脚尖外撇，推掌时左手掌心朝上，右手掌心朝下。

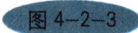

图 4-2-3

单蝶步拍地 ◆◆◆◆◆◆◆◆◆

动作方法 见图 4-2-4

　　(1)身体左转，左腿屈膝抬起，右脚蹬地向左跨跳，两掌经体侧向上摆起，目视前方；

　　(2)两脚落地，两腿屈蹲呈单蝶步，两手向下拍地，目随两掌。

技术要点

　　(1)向左跨跳不要太高，应迅速落地；

（2）两手拍地，上体不可前倾；

（3）蹬地跳起时注意两手要在头上架起。

❀ 错误纠正

练习时易出现两掌在两腿中间拍地、后腿不着地等问题。因此，两掌应朝前腿方向拍地，后腿小腿胫骨着地。

图4-2-4

右弓步叠掌

❀ 动作方法　见图4-2-5

身体右转，右脚向前上步呈右弓步，两掌收经腰左侧，随上步向前推出，右掌指尖朝上，左掌指尖朝下，目视右掌指尖。

❀ 技术要点

弓步要做到位，两手臂伸直，右手在上、左手在下。

图4-2-5

错误纠正

练习时易出现两手上下混淆等问题。因此,应注意右腿在前就是右手在上,手腕用力。

麒麟步左弓步叠掌

动作方法 见图4—2—6

（1）左脚向右前上步,脚尖外撇,身体随之左转,两掌收于身体左侧,目随右掌;

（2）右脚向左脚前上步,脚尖外撇,身体随之右转,右前臂外旋,左前臂内旋,两掌向身体右侧叠,目随左掌;

（3）左脚向左前方上步,随即呈左弓步,两掌向左前方推出,左掌指尖朝上,右掌指尖朝下,目视左掌指尖。

技术要点

（1）两掌应随麒麟步迅速变换位置;

（2）推掌时力达两掌根部,两掌根相距一掌。

错误纠正

上步时易出现两手左右混淆等问题。因此,应注意左脚在前上步时,右手在上贴于前胸,右脚在前上步时,左手在上贴于前胸。

图 4-2-6

右弓步架冲拳

动作方法 见图 4-2-7

右腿上抬向前方上步,身体随之右转呈右弓步,两掌变拳收经腰左侧,右臂内旋上架,左拳向前冲出,目视前方。

技术要点

架冲拳时应右拧腰,一定要标准,一手架拳伸直臂,一手冲拳拳面要平。

错误纠正

练习时易出现上臂伸直、平拳等问题。因此,应注意右臂弯曲,立拳,冲拳时肩关节与腰部配合协调一致。

图 4-2-7

左横裆步右抛拳

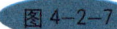动作方法　见图 4-2-8

　　身体左转呈横裆步，右拳经下向左上方抛起，左拳经下向左抡摆，目视右前方，同时发声"嗨"。

技术要点

　　两臂呈弧形运行，力达右拳眼，略屈臂，上下肢配合要一致。

错误纠正

　　练习时易出现身体朝前、上臂弯曲等问题。因此，应身体向左转，头向前看，左弓步抛右拳，上臂伸直。

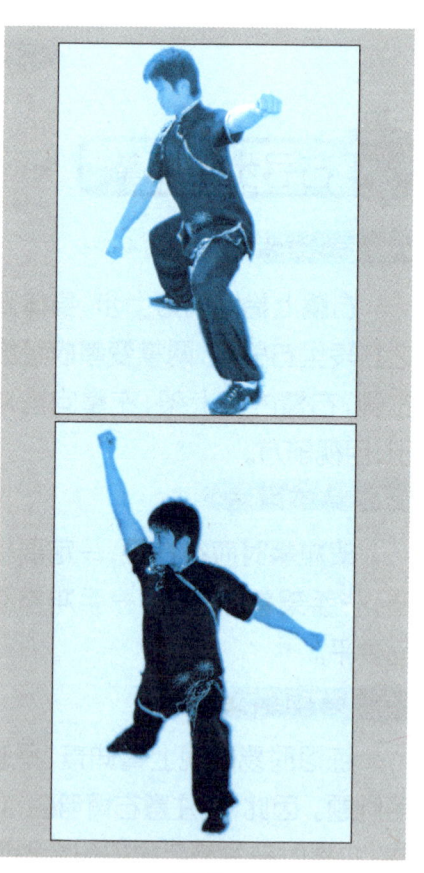

图 4-2-8

右横裆步左抛拳

动作方法 见图4-2-9

身体右转呈横裆步,左拳经下向右上方抛起,右拳下落向右抡摆,目视左前方。

技术要点

两臂呈弧形运行,力达右拳眼,略屈臂,上下肢配合要一致。

错误纠正

练习时易出现身体朝前、上臂弯曲等问题。因此,应身体向右转,头向前看,右弓步抛左拳,上臂伸直。

图4-2-9

上步挂盖拳

动作方法 见图4-2-10

(1)左脚向前上步,左臂内旋,左拳由左向下经右向上、向左抡挂,目随左拳;

（2）身体左转呈左弓步，右拳经上向前盖压，左拳摆向身后，目视前方。

技术要点

（1）左挂拳时，要力达拳背，盖拳时要快速向前下盖，力达拳心；

（2）两臂运行略有先后；

（3）挂盖时两肩夹紧，用肩带臂，快速有力，发力短促，手臂托起向下抢挂。

错误纠正

练习时易出现横挂盖、腰松、拳法不突出等问题。因此，挥拳应呈立圆，拳法明显，用腰劲带动臂力。

图4-2-10

插步鞭拳

动作方法　见图4-2-11

（1）右脚向前上步，身体随之左转，左拳变掌，与右拳同时摆向左侧，目随左掌；

套路练习

（2）左脚向右脚后插步，右拳向右平抡鞭挞，左掌护于右胸前，目视右拳。

技术要点

左插步与右鞭拳应同时完成，插步时上体不可右侧倾，力达右拳背。

错误纠正

练习时易出现鞭拳时身体和肩关节发力等问题。因此，应用肘关节发力，鞭拳与插步要同时进行。

图 4-2-11

 **转身挂盖拳** ◆◆◆◆◆◆◆◆

动作方法 见图 4-2-12

（1）身体左后转，左掌变拳，随体转经上向左挂出，右拳随体转经下向右摆动；

（2）身体继续左转，右拳经上向前下方盖压，左拳摆向身后，目视前方。

技术要点

转身挂盖完成后，左手一定在体后支出。

错误纠正

练习时易出现横挂盖、腰松、拳法不突出等问题。因此，挥拳应呈立圆，拳法明显，用腰劲带动臂力。

图 4-2-12

骑龙步抛撞拳

动作方法 见图 4-2-13

（1）右脚向左脚内侧上步，脚尖点地，右拳随身体右转经上向后抡摆，左拳变掌经上向前下方划弧，头向右转，目随右拳；

（2）右脚向前上步，左脚略前移，脚跟抬起呈骑龙步，右拳随身体左转，经下向前上方抛撞，左掌沿顺时针方向划弧护于右上臂内侧，目视前方。

错误纠正

（1）右脚上步要大一些，左脚沿地面向前托移半步呈骑龙步；

（2）右拳力达拳面，右臂屈肘，上体不可前倾。

技术要点

练习时易出现骑龙步一带而过等问题。因此，骑龙步应明显，动作要连贯，上步与抛撞拳要同时进行。

图4-2-13

 马步撑掌

动作方法　见图4-2-14

（1）重心后移呈虚步，左掌沿右臂上方向前抹出，右拳变掌屈收于右胸前，掌心朝下，头向右转，目随右掌；

（2）右脚向前上步，身体随之左转呈马步，右臂内旋，右掌向右下方压撑，左掌屈收于右胸前，目随右掌。

技术要点

（1）虚步姿势可略高，两肩应展开；

（2）呈马步前虚步要站稳，动作做出来，两手向回带时，右手掌心

向下，手臂弯曲与肩平，左手伸直立掌，撑掌时掌心略向右下方用力，力达掌根与掌指外缘；

（3）马步大腿接近水平。

错误纠正

练习时易出现右手在腰间、左掌伸直、指尖朝前等问题。因此，收掌时右手应在右肩处，上步与推掌要同时，掌外侧用力，左手立掌，指尖朝上。

图 4-2-14

挂盖扫右弓步撞拳

动作方法 见图 4-2-15

（1）两掌变拳，右拳随上体略左转经下向左摆，左拳收于右腋下，目随右拳；

（2）右拳随身体略右转经上向右抡挂，左拳自然后摆，目随右拳；

（3）身体继续右转，右拳经上向前盖压，左拳经下摆向身后，目随右拳；

（4）随身体左转左拳向左横扫，右拳向后平摆；

（5）身体继续左转，右臂屈肘，继续向左横扫，右拳收于左腋下，左臂内旋上架，目随右拳；

（6）身体右转呈右弓步，右臂外旋，左拳下落，两臂剪桥，右拳随转体向右上方撞出，左拳摆至身后，目随右拳。

（1）右拳挂、左拳盖只要与胸平即可，右拳平扫后应屈臂盘于胸前；

（2）两臂剪桥置于胸前要裹臂，然后再向右上方撞击，力达拳面；

（3）抡拳转身时，脚下步形要站稳，扫拳时，拳的方向要找准。

错误纠正

练习时易出现两手平抡、后腿放松等问题。因此，两手挂盖应呈立圆，身体扭转协调，弓步蹬腿要明显。

图 4—2—15

歇步下冲拳

动作方法 见图4—2—16

身体右转，左脚前脚掌贴地前滑呈歇步，左拳收经腰左侧向前下方冲出，右拳收于腰右侧，目视左拳。

技术要点

（1）歇步要动作规范，不可两脚交叉即走；

（2）冲拳向前下方，力达拳面。

错误纠正

练习时易出现不贴身冲拳、歇步膝盖着地等问题。因此，应注意左拳经腰间向下冲拳，歇步步形要压住，两腿夹紧，膝盖不着地。

图 4—2—16

马步双挂拳

见图 4-2-17

动作方法

左脚向左前方上步呈马步，同时两臂经胸前交叉（左拳在外），随后向上、向身体两侧下挂，目视左拳。

技术要点

（1）下挂时力达两前臂及两拳面，两肘略屈；

（2）挂拳时两臂尽量伸直，拳腕上翘。

错误纠正

练习时易出现肘关节伸直等问题。因此，应注意两肘关节要弯曲，肘尖朝下。

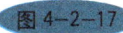
图 4-2-17

跪步双虎爪

动作方法 见图 4-2-18

（1）左腿蹬直，右腿屈膝抬起，两拳变虎爪，经下向左划弧，目随左爪；

（2）左脚蹬地跳起，身体右后转，左腿屈膝后抬，两爪随体转经上向右下方划弧抓落，目随右爪；

（3）左脚向前上步，身体左转呈跪步，两爪随体转向前推爪，目视前方。

技术要点

跪步时膝盖不要着地，两手翘腕，两臂伸直。

练习时易出现两臂弯曲、膝盖着地等问题。因此,两臂应向前伸直,臀部坐在小腿上,膝盖不要着地。

图 4—2—18

第三节

第三段

第三段包括单拍脚半马步冲拳、单蝶步压肘、插步冲拳、上步冲拳转身挂盖拳和马步侧冲拳等。

动作方法　见图 4—3—1

(1)左腿蹬直,右腿向右上方弹踢,右虎爪变掌,击拍右脚面,左虎爪变拳,收于腰左侧,目随右脚;

(2)右脚向前落步呈半马步,左拳前冲呈平拳,右掌变拳收于腰右侧,目视前方;

（3）上体左转，右拳向右冲出呈平拳，左拳收于腰左侧，目视右前方。

技术要点

（1）单拍脚高度要过腰，冲拳力点要足，动作干脆、准确；

（2）左右冲拳要连贯，半马步重心要找准，左重右轻，同时半马步变马步要迅速。

错误纠正

练习时易出现击拍动作不响、身体向左等问题。因此，应多练习单拍脚，脚尖绷平，右手用力击打脚面，注意身体方向一直朝右。

图 4-3-1

 单蝶步压肘

动作方法 见图 4-3-2

（1）左脚向前上步，右拳变掌，经右臂下方向前穿桥，左拳收于腰左侧，目随右掌；

（2）左脚蹬地跳起，右脚上抬，随身体左后转一周，随即两脚落地呈单蝶步，两臂屈肘随体转，右肘经上向左前臂内侧下压，目随右肘。

技术要点

（1）左掌穿桥时掌心朝下，经右臂下方，左脚蹬跳起随转体向前跃落，右臂屈肘向左下方下压；

（2）转体时左腿屈起上抬，单蝶步右膝着地。

错误纠正

练习时易出现原地做动作、重心向后等问题。因此，应在行进间练习，身体重心在前，小腿着地。

图 4-3-2

插步冲拳

◆◆◆◆◆◆◆

动作方法 见图4-3-3

（1）起身右拳向前鞭挞，左掌变拳屈收于右胸前，目随右拳；

（2）左脚向后退步呈插步，左拳向前冲出呈立拳，右拳屈收于右肩前，目随左拳。

技术要点

（1）右臂由屈到伸，力达拳背；

（2）左脚插步同时冲左拳，两臂充分拉伸开，呈立拳。

错误纠正

练习时易出现平拳等问题。因此，应插步与冲拳同时进行，身体稍向右侧转，手呈立拳。

图4-3-3

上步冲拳转身挂盖拳

◆◆◆◆◆◆◆

动作方法 见图4-3-4

（1）左右脚相继向前上步，身体左转，右拳向右冲出呈平拳，左拳落至腹前，目随右拳；

（2）左脚向右脚后插步，身体左后转，左拳随转体经上向下挂，右拳经下向后抡摆，目随左拳；

（3）身体继续左转，右拳经上向前下方盖压，左拳经下向后抡摆，目视前方。

技术要点

转身抡臂时要划立圆，挂盖拳用肩带臂。

错误纠正

练习时易出现两拳放松、无劲力，平抡拳等问题。因此，拳法应明确，身体旋转挂盖拳时呈立圆，挂盖拳时腰部用力。

图 4-3-4

马步侧冲拳

🔅 **动作方法** 见图4-3-5

（1）右脚向前上步，脚尖点地呈虚步，左拳变掌，两腕交叉向前上挑，目视前方；

（2）右脚向前上步，身体左转呈马步，两手经上绕向身体两侧，右拳向右冲出呈立拳，左掌护于上臂内侧，目随右拳。

🔅 **技术要点**

（1）两手上挑，两臂侧绕要迅速，马步侧冲拳要完整；

（2）马步前虚步要做出来，头随两臂向身体两侧打开，冲拳力达顶点。

🔅 **错误纠正**

练习时易出现平拳等问题。因此，冲拳与上步应同时进行，手呈立拳。

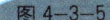

图4-3-5

第四节

第四段

　　第四段包括转身挂盖右弓步滚桥、右弓步双推单指、上步挂盖掌、骑龙步抛撞拳、骑龙步冲拳、插步鞭拳转身挂盖拳、弓步架掌、转身挂盖退步冲拳、左弓步双推掌、虚步推掌冲拳、并步抱拳和收势等。

转身挂盖右弓步滚桥

动作方法　见图4-4-1

　　（1）身体略左转，左掌变拳，向左上方挂出，目随左拳；

　　（2）身体继续左转，右拳经上向前下方盖压，左拳经下向后抡摆，目视前方；

　　（3）身体略右转，右臂屈肘外旋，右拳绕经面前向右格挡，左拳略向前移，目随右拳；

　　（4）身体略左转，左拳绕经面前向右格挡，右拳收于腰右侧，目随左拳；

　　（5）右脚后退一步呈左弓步，右拳前冲呈平拳，左拳收于腰左侧，目随右拳；

　　（6）身体右转呈右弓步，左前臂内旋，向左前下方滚桥，右臂屈肘，右拳拉至右胸前，两拳拳心朝下，目视左前方。

✿ 技术要点

（1）挂盖拳力点准确，动作到位；

（2）退步格挡动作要到位，手法做出来；

（3）冲拳时是平拳，左臂内旋，向下滚转，使力达前臂尺骨侧。

✿ 错误纠正

练习时易出现挂盖平抡，退步重心过高等问题。因此，应注意立圆挂盖，退步时下盘压低。

图 4—4—1

右弓步双推单指

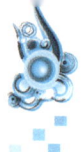

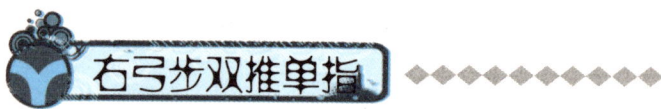

动作方法

见图 4—4—2

两拳变单指手，屈肘收至胸前，随即沉稳发力，两手向两侧缓慢推出，目随左手。

技术要点

两臂下沉要屈肘，两指向下、向前推击要沉着有力，向两侧推指时指尖渐渐向上，保持臀部适度肌肉紧张。

错误纠正

练习时易出现单指小指伸直等问题。因此，应注意手形动作，体会动作要领。

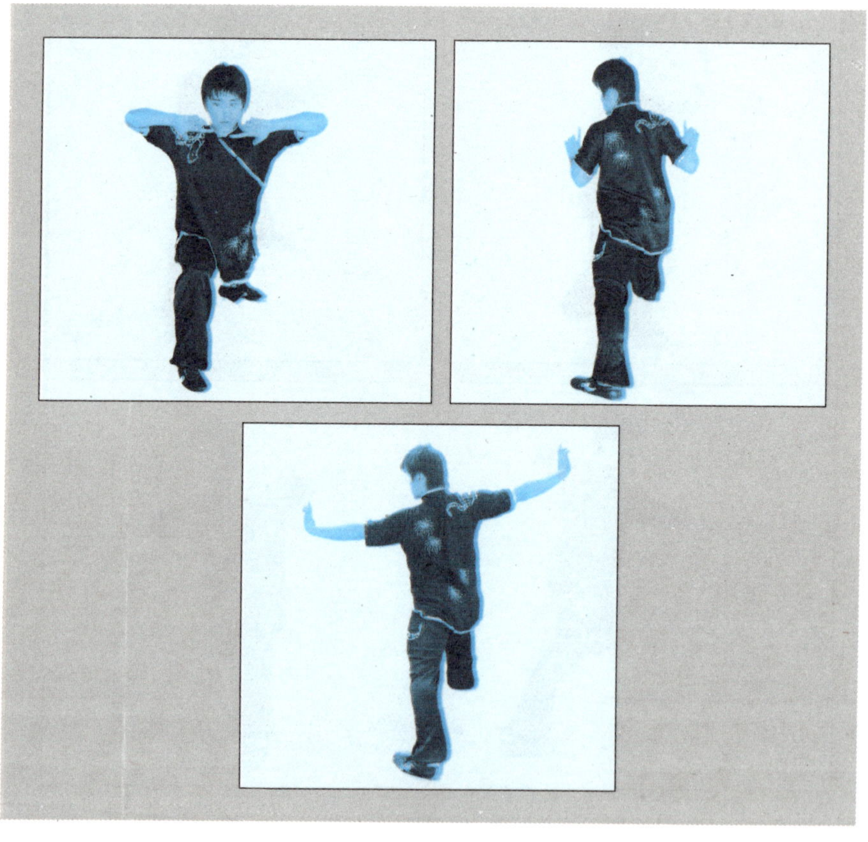

图 4—4—2

动作方法 见图 4-4-3

(1)左脚向前上步,两单指手变拳,左拳下落经右向上、向左前方抡挂,右拳略向下落,目随左拳;

(2)身体左转,右拳经上向前下方盖压,左拳自然后摆,目视前方。

技术要点

挂盖时左臂内旋,左拳由左向下抡挂,抡臂时要划立圆,用肩带腰。

错误纠正

练习时易出现横挂盖、腰松、拳法不突出等问题。因此,挥拳应呈立圆,拳法要明显,用腰劲带动臂力。

图 4-4-3

 骑龙步抛撞拳

动作方法 见图 4-4-4

(1)右脚向前上步,脚尖点地呈虚步,身体后转,右拳经上向右后上方抡摆,左拳变掌收于右腋下,目随右拳;

(2)右脚向前上步,左脚跟上抬呈骑龙步,右拳随身体左转经下向前上方抛撞,左掌护于右上臂内侧,目随右拳。

技术要点

（1）右脚上步要大一些，左脚沿地面向前托移半步而呈骑龙步；

（2）右拳力达拳面，右臂屈肘，上体不可前倾。

错误纠正

练习时易出现骑龙步一带而过等问题。因此，骑龙步应明显，动作连贯，上步与抛撞拳要同时进行。

图 4—4—4

 **骑龙步冲拳**

动作方法 见图 4—4—5

（1）重心后移呈右虚步，左掌沿右前臂上方向前抹出，右拳收于腰右侧，目随左掌；

（2）右脚向前上步，左脚贴地前滑，脚后跟上抬呈骑龙步，上体左转，右拳向前冲出呈平拳，左掌收于右胸前，目随右拳。

技术要点

右脚向前上步，左脚拖步上滑后，迅速呈骑龙步形，并冲拳。

错误纠正

练习时易出现重心不稳等问题。因此，应将身体重心向右侧压低一点。

图 4-4-5

 插步鞭拳转身挂盖拳

动作方法 见图4-4-6

（1）身体左转，左掌右拳向左平抡，头向左转，目随左掌；

（2）左脚向右脚后插步，右拳向右平抡，左掌屈收于右胸前，目随右拳；

（3）身体左后转，左掌变拳，随体经上向前抡挂，右拳经下向右抡摆，目随左拳；

（4）身体继续左转呈左弓步，右拳经上向前下方盖压，左拳自然摆向身后，目视前方。

技术要点

（1）挂拳时，要力达拳背；

（2）盖拳时快速向前下盖，力达拳心，两肩夹紧，要快速有力，发短促力；

（3）两臂运行略有先后。

错误纠正

练习时易出现鞭拳时身体和肩关节发力等问题。因此，应用肘关节发力，鞭拳与插步同时进行。

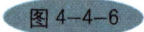

图 4—4—6

弓步架掌 ◆◆◆◆◆◆◆◆

动作方法 见图 4—4—7

　　(1)右脚向右前方上步呈半马步,两拳变掌,收于腰左侧,掌心朝上,目随左掌;

　　(2)身体右转呈右弓步,两臂内旋,两掌向前上方架起,目视前上方。

技术要点

成半马步时应蓄劲,然后右转,腰内旋臂上架。

错误纠正

练习时易出现指尖朝上等问题。因此,应注意手形,掌心朝上,指尖相对。

图4-4-7

转身挂盖退步冲拳

动作方法 见图4-4-8

(1)身体左转,两掌变拳,左拳经上向前下方挂出,右臂外旋下落,目随左拳;

(2)身体继续左转,右拳经上向前下方盖压,左拳经腰间自然后摆,目视前方;

(3)身体略右转,左脚向右脚后插步,右臂屈肘外旋,右拳绕经面前向右格挡,左拳略向前移,目视前方;

(4)左臂屈肘外旋,左拳绕经面前向左格挡,右拳收于腰右侧,目随左拳;

(5)右脚向后退步呈左弓步,右拳前冲呈平拳,左拳收于腰左侧,目视前方。

技术要点

（1）挂拳时，要力达拳背；

（2）盖拳时快速向前下盖，力达拳心，两肩夹紧，要快速有力，发短促力；

（3）两臂运行略有先后。

错误纠正

练习时易出现两拳横抡，重心过高等问题。因此，做挂盖拳时应呈立圆，拳法明显，身体原地转动，不上步，退步时下盘压低。

图 4—4—8

左弓步双推掌

动作方法 见图4-4-9

（1）右脚向左前方上步，身体右转，两拳变掌，收于身体右侧，目视左前方；

（2）左脚向前上步，随即呈左弓步，两掌同时向前推出，指尖朝上，目视前方，同时发声"嗨"。

技术要点

弓步推掌与发声应同时完成。

错误纠正

练习时易出现重心过高、身体方向朝前等问题。因此，应尽量压低身体，身体下沉，朝左前方45度。

图4-4-9

虚步推掌冲拳

动作方法 见图4—4—10

（1）右脚向前踏步，身体右转，右掌变拳，两臂屈肘向右侧环抱，掌心与拳面相对，目随左掌；

（2）左脚向左前方上步，脚尖点地呈左虚步，右拳前冲，左掌前推，目视前方。

技术要点

虚步虚实分明，右冲拳，左推掌与虚步应同时完成。

错误纠正

练习时易出现重心过高、步形方向朝前等问题。因此，应重心压低，步形方向朝斜前方45度。

图4—4—10

动作方法 见图4—4—11

（1）左脚向后退步，身体右转，左掌变拳，两拳随屈肘收于右肩前，拳面相对，目随右拳；

（2）右脚、左脚相继向后退步呈并步，两拳经上向前下方挂出，并

套路练习

顺势收于两腰间,目视前方。

技术要点

并步站稳,两腿直立。

错误纠正

练习时易出现两肩、肘关节放松等问题。因此,应注意肩关节与肘关节的配合,做动作时两肩与肘关节夹紧。

图 4—4—11

 收势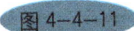

动作方法　见图 4—4—12

两拳变掌,下垂于身体两侧,目视前方。

技术要点

两拳变掌,垂直下落。

错误纠正

练习时易出现身体过于放松等问题。因此,应身体保持直立,呼吸顺畅,目视前方。

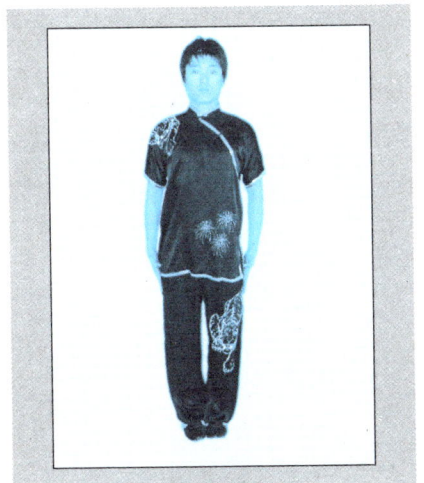

图 4—4—12

115

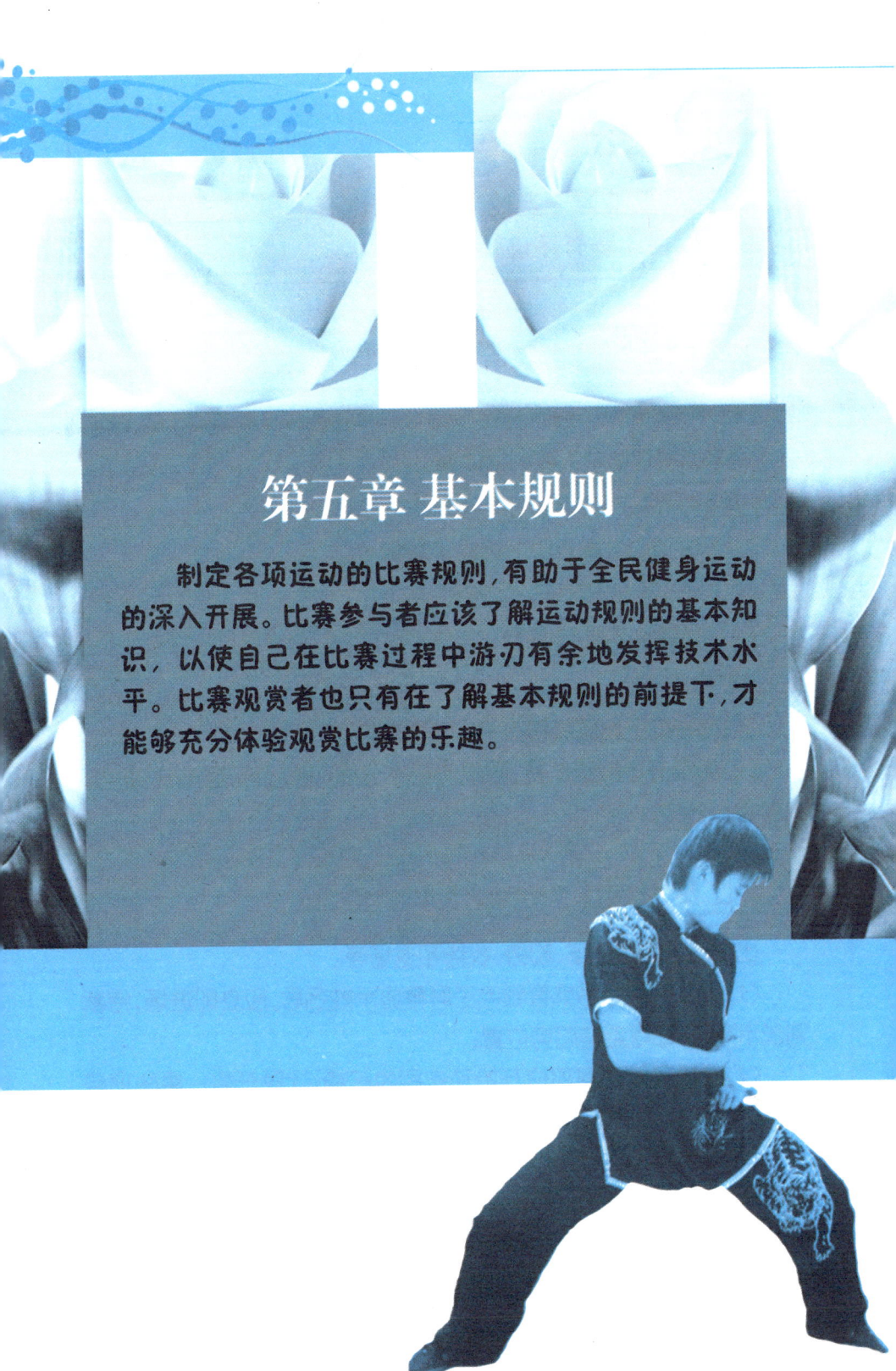

第五章 基本规则

　　制定各项运动的比赛规则，有助于全民健身运动的深入开展。比赛参与者应该了解运动规则的基本知识，以使自己在比赛过程中游刃有余地发挥技术水平。比赛观赏者也只有在了解基本规则的前提下，才能够充分体验观赏比赛的乐趣。

第一节

比赛方法

选手要按照一定的方法进行比赛,并须遵循一定的规则,以使比赛有序进行。

比赛类型

南拳比赛包括个人赛和团体赛。

年龄组别

(1)成年组:18 周岁以上(含 18 周岁);

(2)少年组:12 周岁至 17 周岁;

(3)儿童组:不满 12 周岁。

套路时间

(1)南拳自选套路不得少于 1 分 20 秒;

(2)如果分年龄组比赛,则成年组 1 分 20 秒,少年组 1 分 10 秒,儿童组 1 分钟。

比赛流程包括进场、起势、收势和退场等。

(1)选手听到点名或看到电子屏幕显示姓名后,应立即进场,待裁判长示意后,即可走向起势位置;

(2)选手身体任何部位开始动作即为起势(计时开始),集体项目在行进间开始动作者,须事先向裁判申明;

(3)选手完成整套动作后,须并步收势(计时结束),再转向裁判长行注目礼,然后退场;

(4)选手应在同侧场内完成相同方向(左右不得超过 90 度)的起势与收势,集体项目必须在场内完成起势与收势,方向、位置不限;

（5）选手听到上场比赛的点名和赛后示分时，应向裁判长行抱拳礼。

第二节
裁判方法

在比赛过程中，裁判人员通过履行其职责，进行正确的裁判工作，来保证比赛的公平、公正。

 总裁判组

设总裁判长 1 人，副总裁判长 1～2 人。

 各裁判组工作

裁判组设裁判长 1 人、副裁判长 2 人；A 组评分裁判员 2～3 人；B 组评分裁判员 2～3 人；C 组评分裁判员 2～3 人。

 编排记录组

设编排记录长 1 人，成员 3～5 人。

 检录组

设检录长 1 人，检录员 3～6 人。

 **评分方法**

（1）裁判组由评判动作质量（A 组）的裁判员 3～4 名（含第一副裁判长）、评判演练水平（B 组）的裁判员 4 名（含裁判长）和评判难度

（C 组）的裁判员 3～4 名（含第二副裁判长）组成；

（2）各项比赛的满分为 10 分，其中动作质量的分值为 5 分，演练水平的分值为 3 分，难度的分值为 2 分；

（3）A 组裁判员根据选手现场完成动作的质量，用动作质量的分值减去各种动作规格错误和其他错误的扣分，即为选手的动作质量分；

（4）B 组中由裁判员按照套路动作劲力、节奏及音乐的要求整体评判后确定的等级平均分数，减去对套路编排错误的扣分，即为选手的演练水平分；

（5）C 组裁判员根据选手现场整套难度完成的情况，按照各项目动作难度和连接难度的确认标准，确定选手现场完成动作难度、连接难度的累计分，即为选手的难度分。

动作质量评分标准

选手现场完成套路动作的规格与要求不符，每出现一次扣 0.1 分；其他错误每出现一次扣 0.1～0.3 分。

演练水平评分标准

劲力、节奏、音乐的评分标准

（1）凡劲力充足，用力顺达，力点准确，节奏分明，动作与音乐和谐一致者为"很好"，得 2.51～3 分；

（2）凡劲力较充足，用力较顺达，力点较准确，节奏较分明，动作与音乐较和谐一致者为"一般"，得 1.91～2.5 分；

（3）凡劲力不充足，用力不顺达，力点不准确，节奏不分明，动作与音乐不和谐一致者为"较差"，得 1.01～1.9 分。

编排的评分标准

选现场完成套路时，必选的主要动作每缺少一个扣 0.2 分；套路的结构、布局与要求不符，每出现一次扣 0.1 分。

难度动作的评分标准

动作难度（1.4 分）

根据各项目"动作难度等级内容及分值确定表"，评分如下：

(1)每完成一个 A 级动作可获得 0.2 分；

(2)每完成一个 B 级动作可获得 0.3 分；

(3)每完成一个 C 级动作可获得 0.4 分；

(4)每个动作难度分只能计算一次，动作难度分的累计中，如超过了 1.4 分，则按 1.4 分计算；

(5)选手现场所做的动作难度不符合规定要求，则不计算动作难度分。

连接难度（0.6 分）

根据各项目"连接难度等级内容及分值确定表"，评分如下：

(1)每完成一个 A 级连接可获得 0.05 分；

(2)每完成一个 B 级连接可获得 0.1 分；

(3)每完成一个 C 级连接可获得 0.15 分；

(4)每完成一个 D 级连接可获得 0.2 分；

(5)每个连接难度分只能计算一次，连接难度分的累计中，如超出了 0.6 分，则按 0.6 分计算；

(6)选手现场完成的连接难度不符合规定要求，则不计算连接难度分。

创新难度加分

现场成功完成被确认的创新难度，则由裁判长按加分标准给予加分。其标准为：

(1)完成一个创新的 B 级动作难度（含连接难度）加 0.2 分；

(2)完成一个创新的 C 级动作难度（含连接难度）加 0.3 分；

(3)完成一个创新的超 C 级动作难度加 0.4 分；

(4)由于失败或与鉴定确认动作难度不符，不予加分。

裁
判
方
法

应得分数的确定

❋ 动作质量应得分的确定

(1)A 组 2 名裁判员、1 名副裁判长评分时,2 名以上裁判员对选手同一个动作错误和其他错误扣分的累计之和,即为动作质量的应扣分,用动作质量的分值减去应扣分,即为选手动作质量的应得分;

(2)A 组 3 名裁判员、1 名副裁判长评分时,2 名裁判员对选手同一个动作错误和其他错误扣分(或 1 名裁判员和 1 名副裁判长对选手同一个动作错误和其他错误扣分)的累计之和,即为动作质量的应扣分,用动作质量的分值减去应扣分,即为选手动作质量的应得分。

❋ 演练水平应得分的确定

B 组中 4 名裁判(含裁判长)对套路劲力、节奏、音乐示出的等级分数的平均值减去 2 名以上裁判对同一套路编排错误扣分的累计之和,即为选手演练水平应得分,应得分可取到小数点后 2 位数,第 3 位数不做四舍五入。

❋ 难度应得分的确定

(1)C 组 2 名裁判员、1 名副裁判长评分时,2 名以上裁判员对选手同一个动作难度和连接难度确认分数的累计之和,即为难度应得分;

(2)C 组 3 名裁判员、1 名副裁判长评分时,3 名以上裁判员对选手同一个动作难度和连接难度确认(或 2 名裁判员和 1 名裁判长对选手同一个动作难度和连接难度确认)分数的累计之和,即为难度应得分。

选手最后得分的确定

动作质量应得分、演练水平应得分和难度应得分之和即为选手的应得分数。裁判长从选手的应得分中减去"裁判长的扣分",加上创新难度的加分即为选手的最后得分。